JN301783

リットの教育哲学

西方 守
NISHIKATA Mamoru

専修大学出版局

目　次

  凡　例 ……………………………………………………………4

Ⅰ　序　論
  1．問題の所在 ……………………………………………………8
  2．テオドール・リットの人生と著作 …………………………23

Ⅱ　教育学の方法論
  1．はじめに ……………………………………………………42
  2．方法論の前提 ………………………………………………44
  3．教育学の方法 ………………………………………………48
  4．教育学の方法論 ……………………………………………56
  5．おわりに ……………………………………………………59

Ⅲ　人間観と教育　⑴
  1．はじめに ……………………………………………………64
  2．自我と身体 …………………………………………………66
  3．身体と空間 …………………………………………………70
  4．身体と時間 …………………………………………………73
  5．表出と身体 …………………………………………………78
  6．表現と理解 …………………………………………………85

Ⅳ　人間観と教育　⑵
  1．はじめに ……………………………………………………92
  2．自己と他者 …………………………………………………95

3．依存と自由……………………………………100
　　4．思惟と存在……………………………………105

Ⅴ　出会いと教育
　　1．はじめに………………………………………114
　　2．出会いと生成…………………………………116
　　3．出会いと他者…………………………………121
　　4．出会いと選択…………………………………126
　　5．おわりに………………………………………131

Ⅵ　自己認識と教育
　　1．はじめに………………………………………138
　　2．他者認識と自己認識…………………………140
　　3．認識と自己……………………………………147
　　4．特殊と普遍……………………………………153
　　5．教育評価と教育目的…………………………156

Ⅶ　自然科学－科学技術－産業社会と教育
　　1．はじめに………………………………………162
　　2．現代と疎外……………………………………165
　　3．事象とは何か…………………………………169
　　4．事象と疎外……………………………………175
　　5．疎外と反省……………………………………179
　　6．疎外の克服……………………………………183

VIII 民主主義と政治教育
1. はじめに ……………………………………188
2. 政治倫理と民主主義 ………………………191
3. 民主主義と政治教育 ………………………196
4. 政治教育と平和教育 ………………………202
5. 合理主義と民主主義 ………………………205
6. おわりに ……………………………………210

IX 結 論 ……………………………………215

あとがき ……………………………………223

参考文献 ………………………………………225
人名索引 ………………………………………243
用語索引 ………………………………………245

凡　例

1，テオドール・リットの著作からの引用箇所，およびその該当箇所に関しては，本文中の引用文，引用語，および該当文の後に，著作の略記号と頁数を括弧に入れて示すことにする。

　著作の略記号は，以下の通りである。

　　GL.＝ *Geschichte und Leben,* 1918.
　　IG.＝ *Individuum und Gemeinschaft,* 1919. 3. Aufl., 1926.
　　P.＝ Pädagogik. in: *Die Kultur der Gegenwart,* hrsg. von P. Hinneberg, 3. Aufl., 1921.
　　EL.＝ *Erkenntnis und Leben,* 1923.
　　WD.＝ Das Wesen des pädagogischen Denkens, 1921. in: *Führen oder Wachsenlassen,* 1927. 13. Aufl., 1967.
　　PG.＝ *Die Philosophie der Gegenwart und ihr Einfluß auf das Bildungsideal,* 1925. 2. verb. Aufl., 1927.
　　MGP.＝ *Möglichkeiten und Grenzen der Pädagogik,* 1926.
　　FW.＝ *Führen oder Wachsenlassen,* 1927. 13. Aufl., 1967.
　　SM.＝ *Die Selbsterkenntnis des Menschen,* 1938. 2. verb. Aufl., 1948.
　　GC.＝ *Der deutsche Geist und das Christentum,* 1938.
　　AE.＝ *Das Allgemeine im Aufbau der geisteswissenschaftlichen Erkenntnis,* 1941. in: Philologisch-historischen Akademie, 93, 1980.
　　BT.＝ Die Bedeutung der pädagogischen Theorie für die Ausbildung des Lehrers, 1946. in: *Führen oder Wachsenlassen,*1927. 13. Aufl., 1967.
　　BA.＝ *Berufsbildung und Allgemeinbildung,* 1947.
　　MW.＝ *Mensch und Welt,* 1948. 2. Aufl., 1961.
　　DS.＝ *Denken und Sein,* 1948.
　　LP.＝ *Der lebendige Pestalozzi,* 1952.
　　NM.＝ *Naturwissenschaft und Menschenbildung,* 1952. 2. Aufl., 1954.
　　SV.＝ *Die politische Selbsterziehung des deutschen Volkes,* 1954. 3.

erweiterte Aufl., 1957.

BKA.=*Das Bildungsideal der deutschen Klassik und die moderne Arbeitswelt,* 1955. 6. Aufl., 1959, zitiert nach Kamps päd. Taschenbücher, Bd. 3, 2. Aufl..

TD.=*Technisches Denken und menschliche Bildung,* 1957.

WM.=*Wissenschaft und Menschenbildung im Lichte des West-Ost-Gegensatzes,* 1958. 2. Aufl., 1959.

FL.=*Freiheit und Lebensordnung,* 1962.

1，著作の原題名は，斜字体で表記してある。
1，引用文中の傍点は，原文中の隔字体，および斜字体の箇所である。
1，リットの著作からの引用文中の括弧内は，引用者による補足の箇所である。
1，引用文中の「……」は，引用者による省略の箇所である。
1，本文中の註は，各章の本文末に一括してある。

I 序　論

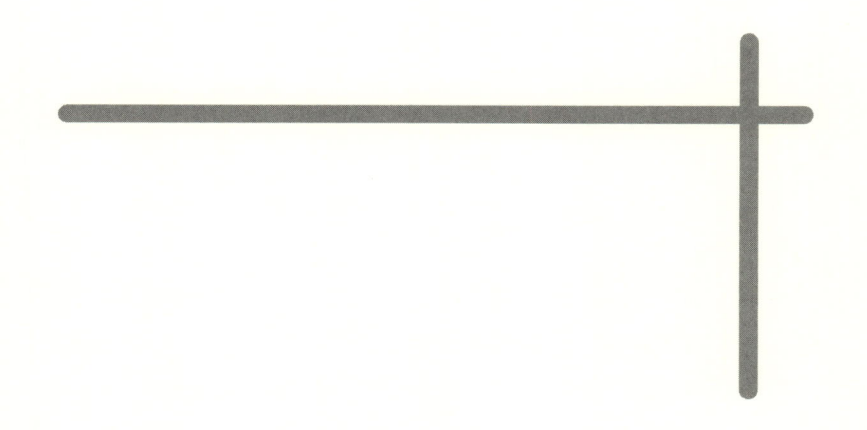

1. 問題の所在

　テオドール・リット（Theodor Litt, 1880-1962）の思想的特徴として挙げられることに，「哲学と教育学の関係」⁽¹⁾がある。この関係から，彼の教育学は「教育哲学」として規定される。そして，それは，ヘルマン・ノール（Herman Nohl, 1879-1960），エドゥアルド・シュプランガー（Eduard Spranger, 1882-1963），ヴィルヘルム・フリットナー（Wilhelm Flitner, 1889-1989），エーリッヒ・ヴェーニガー（Erich Weniger, 1894-1961）の教育学とともに，「精神科学的教育学」のなかに位置付けられる。そしてさらに，彼の教育学は，「弁証法的教育学」として特徴付けられる。

　本研究においては，この「テオドール・リットの弁証法的教育哲学」を，「教育学の方法論」，「人間観と教育」，「出会いと教育」，「自己認識と教育」，「自然科学－科学技術－産業社会と教育」，「民主主義と政治教育」といった観点から，とくにその「弁証法」を中心にして明らかにしていきたい，と考えている。

　そこでまず，リットにおける「哲学と教育学の関係」，「精神科学的教育学」，そして「弁証法」について，とくにヴォルフガング・クラフキー（Wolfgang Klafki），ヨーゼフ・デルボラフ（Josef Derbolav）⁽²⁾，そしてルドルフ・ラサーン（Rudolf Lassahn）のリット研究に依拠して言及しておきたい。

　テオドール・リットの75才の誕生日を祝して，ヨーゼフ・デルボラフとフリードヘルム・ニコリン（Friedhelm Nicolin）によって編纂された，「哲学と教育学の間の対話」という副題をもつ論文集『精神と教育』

I 序論

(*Geist und Erziehung*, 1955)⁽³⁾の序で，デルボラフは次のように記している。

> テオドール・リットは，この両学問の対話にとくに強い関心を抱き，それを彼自身の寄与によって本質的に促進し，そして何といっても力を込めて繰り返しその原則上の必要性を指摘してきた。自身同じ情熱で哲学者でも教育学者でもある彼は，この対話をいわば彼自身の人格において体現している。教育学的な志向と哲学的な志向がきわめて緊密に結び付いて，彼の思惟と研究を貫いている。哲学的な省察の明白な要素においてはじめてその究極の規定を受け取らないであろう，いかなる教育学的な事実もない──弁証法的な (dialektisch) 媒介の途上で学習者に段々と近付けられないであろう，いかなる哲学的な認識もない。彼にとって，教育学はつねに哲学的な関心事であったし，哲学は教育学的な課題であった。(ibid. S. 1)

また，ヴォルフガング・クラフキーは，彼のリット研究の大著『テオドール・リットの教育学』(*Die Pädagogik Theodor Litts*, 1982)⁽⁴⁾の序で，哲学と教育学の関係が「基礎付け」と「応用」，「土台」と「上部構築物」，「根拠」と「結果」等々といった，分離可能な「諸層」や「諸領域」の関係の意味で理解されてはならない，と記し (ibid. S. 3)，さらに同書の第一部で次のように述べている。

> リットは，教育学的な諸中心問題をつねに同時に哲学的な諸根本問題の領域の特殊な具体化と見做した……。その限りで，彼の哲学的な仕事は大部分彼の教育学的な諸反省とより密接な，あるいはより広範な関連にある。それどころか，彼はもとより教育学的な諸問題へと至る途上で喚起されて特定の哲学的な諸問題設定との対決に至ってしまった，という想定が容易に推測できる。(ibid. S. 25)

このような意味で、クラフキーはリットの教育学を「概ね『教育哲学』である」(ibid. S. 4) と規定している。
　このリットの「教育哲学」としての教育学は、「弁証法的教育学」として特徴付けられるが、この「弁証法」の形成も「哲学と教育学との間の絶えざる相互関係において結果として生じた」(ibid. S. 410) として、その形成過程についてクラフキーは次のように述べている。
　　「弁証法的な」諸論証形式と弁証法的な諸問題構造にとって事実上もっとも早い諸典拠は、リットの場合、むしろまさに教育学的な諸研究に、とくに「教育学的思惟の方法論」(Die Methodik des pädagogischen Denkens, 1921) に見出される。まさに教育学的な諸問題の徹底的な洞察が……リットの思惟展開の早期の諸段階においても後期においても全体的に、それゆえ彼の「純粋に」哲学的な著作に関してもまた彼の弁証法のますますより明らかな展開に寄与した。(ibid. S. 410)
　また、クラフキーは、『精神と教育』に寄せた彼の論文「教育学における弁証法的な思惟」のなかでも、次のように記している。
　　リットがたとえば教育学的なことの「外部で」獲得された思惟方法論を教育学的な諸問題の考究に「転用する」ということはまったくありえない。むしろ、ひとは、諸教育問題についての、教育学的な領域の特殊性に完全に引き渡された十分な思惟こそがリット弁証法のますます成熟した形成に……決定的に寄与してきた、と言ってよいであろう。(*Geist und Erziehung*, 1955. S. 77)
　次に、「精神科学的教育学」についてであるが、クラフキーは『テオドール・リットの教育学』のなかで、その教育学が「第一次世界大戦の終わり以来ヴィルヘルム・ディルタイの諸思想傾向の体系的な継続的形成において、そしてペスタロッチからヘルダーとフンボルト、ヘルバル

Ⅰ 序論

トとシュライエルマッハーを経てヘーゲルにまで至る，古典的なドイツの哲学的な教育学に依拠して」創設された（*Die Pädagogik Theodor Litts*, 1982. S. 393）と記し，その特徴を以下のようにまとめている。

— 教育のすべての規範，制度，内容，方法に関する歴史性の原理；
— 教育学的な実践に関連した，実践の責任に関与する学問としてのこの教育学的な方向の自己理解，
— 教育と教育理論のもっとも一般的な方向付けとしての人間の成人性，つまり自己決定能力の近代の原理に即した方向付け；
— 若い人間の個人的な成人性，経験能力，思惟能力，判断能力，社会的な関係能力，そして行為能力が個人的に，そして子供や青少年の社会的なグループ化において実現する，歴史的な現実の対象的な，そして社会的－文化的な諸所与性や諸可能性の習得と，それらとの対決（「媒介」）によって自らを発達させうるし，しかもそうすべきである諸媒介運動，すなわち，幼児期と青少年期におけるそれらのその都度の，しばしば長い人生の最初の諸段階において教育する大人の（「教育学的な関係の」ないし「教育学的な連関の」）教育学的な方向付け，刺激，そして援助によって呼び起こされて，助成的に同伴されねばならない，そして単にそのように段々自己形成過程へと移されうる諸媒介運動の複合体としての教育・形成過程の把握；
— 教育哲学的－反省的な方法との解釈学的－実践的な（すなわち歴史的－意味解釈的で行為連関的な）方法の融合。（ibid. S. 393f.）

そしてさらに，クラフキーは，その「精神科学的教育学」の内部におけるリットの教育学の独自性を五つにまとめて，以下のように指摘している。第一に，「教育哲学的な（とりわけ認識・学理論的な，倫理学的な，歴史哲学的な，そして人間学的な）強調」，第二に，1920年代のは

じめから教育学的な諸問題の考察に見られ,「1920年代の半ば以来ヘーゲル哲学の受容とそれとの批判的な対決から」形成された「教育学的な(および哲学的な)諸根本問題にとって唯一妥当な把握の仕方としての顕現的に弁証法的な諸思惟形式」[5],第三に,1945年以降「とくに第二次世界大戦後の連邦共和国における教育学的な思惟に決定的な影響を及ぼした」「とりわけ政治的な教育の問題,時代にあった諸教育構想にとっての自然科学と科学技術と産業労働世界の本質的な意義,そして『一般教育』と『職業教育』の二分の克服に関する」教育の理解と理論,第四に,「とりわけノールとフリットナーとヴェーニガーと明らかに異なって」「教育学的な改革運動の学校組織的な,社会教育的な,そして教授法的なすべての部分潮流に対して見せた批判的－懐疑的な距離」,そして第五に,「1933年以降に国家社会主義に対して取った明白で顕現的な敵対の態度」である。(ibid. S. 394)

　さて,上述で第二に挙げられた「弁証法的な諸思惟形式」に関してであるが,クラフキーは,『テオドール・リットの教育学』の最後の「総括と評価」の章のさらに最後で「リットの教育学における弁証法の問題について」取り上げ,「リットの弁証法－問題」研究の必要性を次のように述べている。

　　われわれは,われわれの批判的なリット－解釈の行程で繰り返し,リット自身が「弁証法的」と呼び,あるいはわれわれがこの概念によって特徴付けてきた,諸叙述方法と諸思惟構造と諸問題連関に出くわしてきた。そのようなわけで,リットの教育学が他の解釈者たちによってしばしば「弁証法的教育学」と呼ばれてきたのも当然のことであった。それにもかかわらず,リットは──哲学に関してであれ,教育学に関してであれ──弁証法の体系的な理論を前面には出さず,しかもリットの弁証法－問題の包括的な付随的研究が今ま

で欠けてきた。(ibid. S. 409)

　クラフキーは，リットの「弁証法」ないし「弁証法的」といった概念の使用は多岐にわたるが，と断ったうえで，「この弁証法－概念の明らかに多遠近法的な使用方法の公分母として」，この概念は「原初的な諸矛盾から由来するが，しかしこの諸矛盾を『所与の』として，さらに後から問題にされえないとして受け入れるのではなく，つまり『お互いに対して閉じた諸機関か，あるいは諸領域』としてそのままにしておくのではなく，むしろお互いに矛盾する『諸側面』，『諸立場』，『諸観点』，『諸極』，『諸要求』，『諸原理』を，それらを越えて広がる (übergreifend) 諸連関，諸関係，諸関連の『諸契機』として示す諸思惟運動」を意味することを挙げている。(ibid. S. 410) したがって，「原初的な矛盾のいかなる『側面』も他の側面，ないし他の諸側面なしには考えられえないか，あるいは現実的ではない」(ibid.) ということになる。また，「『最初の一目では』お互いに矛盾するように思われる『諸側面』が認識運動の遂行において不可分にお互いを参照するように指示され，そしてお互いに媒介される」(ibid.) ということになる。

　そして，それらの関連に関して次のように記されている。

> リットが彼の哲学的で教育学的な諸著作において示す弁証法的な諸関係は，『個人と社会』，『認識と生』，『指導か放任か』，『人間と世界』，『思惟と存在』，『自由と生の秩序』，『事象支配と自己省察』等々のような類型的な表題作成が示唆するように，決してつねに「二極的な」関係ではなく，むしろ大抵は多項的な，さらに言えば，多層的な諸事象構造や諸反省構造として本性を現わす。(ibid. S. 411)

　そしてさらに，クラフキーは，「リットが弁証法的に構成され，それゆえに弁証法的な思惟の媒体においてのみ理論的に把握可能であるとし

て，そして——それによって媒介されて——実践的に『解決可能である』として明らかにしているきわめて重要な教育学的な諸問題次元」(ibid.) を指摘している。

　第一に挙げられるのは，「教育における理論と実践の関係」(ibid.) である。この関係が弁証法的であると見做されるのは，次のような意味においてである。

　　教育は，責任のある，すなわち基礎付けられた実践であるべきであるか，あるいはそうであろうとする限りは，教育的な行為者をその諸前提や諸錯綜やその行為を包む諸連関について，そしてその可能な諸結果について啓蒙しようと試みる理論（その方法論的に反省された形式においては，教育科学）を必要とする。(ibid.)

　第二には，人間の「形成過程の構造」である。この構造が弁証法的であるのは，次の意味においてである。

　　その人生のはじめにおいてはまだ広範囲に未決定な人間の主観がその個性（人格）を，すなわちその諸可能性の歴史的－内容的に規定された諸構成を，その認識能力や判断能力や社会能力や行為能力の形成を獲得しうるのは，つねに原理上終わりのない媒介運動において，すなわち対象的な（「自然的な」）現実や歴史的－文化的な現実の，そして同時にそれぞれ歴史的な社会（「共同体」）の習得過程やそれらとの対決過程においてだけである……。主観が自己自身になるのは，自然的な現実や歴史的－社会的－文化的な現実という「他者において」のみである。(ibid. S. 412)

　この形成過程は，教育者，ないし教育的な個人が被教育者に，自然的な現実や歴史的－文化的な現実の習得過程やそれらとの対立過程を媒介する過程であり，「三項的に (triadisch)，あるいは『三者の間で (tria-lektisch)』構造化された媒介過程」である。(ibid.) そして，この過程

I 序論

は，同時に「受け継がれた現実の責任のある形成や変更」の過程でもある。(ibid. S. 413)

 形成的な媒介運動は，本来的に習得・反作用運動として理解され，実践的に実行されなければならない。(ibid.)

そして，この形成過程においては「自己反省」が大きな意味をもつ。とくに現実との対立過程においては，その対立が取り除くことのできない「二律背反（Antinomie）」であるかどうかの「反省」が必要になる。この場合，弁証法的な「止揚（Aufhebung）」の意味は，次のようになる。

 ここで弁証法的な「止揚」は，――個人の側で――個人的な「全家計」のなかへのそのような「諸二律背反」の組み入れによる，越えて広がる反省的な意識においてのみ結果として生じうる。(ibid.)

第三は，上述の過程で指摘された「意識の，ないし反省の弁証法的に自己を段々高めること（Selbstaufstufung）」(ibid.) である。

第四は，「最初の一目からして矛盾するように思われる教育学的な諸原理や諸要請の弁証法的な関係」(ibid.) である。この関係の「もっともよく知られている例は，『指導』と『放任』の『矛盾』である」(ibid.) が，その他に，現在に即した教育と過去（伝統）に即した教育の関係，個性化の要求と社会化の要求の関係，「自由」と「束縛」の関係が挙げられている。(ibid. S. 415) その際，これらの関係の「思惟的な『止揚』は，その都度具体的で実践的な解決を，それを先取りすることなく，要求する」(ibid. S. 414) ことになる。

 実践における「止揚」は，その成功のためのいかなる理論的な保証もありえない，つねに新たに成し遂げられるべき（弁証法的な）課題である。(ibid.)

第五は，「彼のペスタロッチー受容に基づき展開された『懐疑的な人

間学』」（ibid. S. 415）である。とくにそのなかで示された，人間存在の「二面性（Zweiseitigkeit）」，「両義性（Zweideutigkeit）」に関わる弁証法である。リットは，彼のペスタロッチ理解に基づいて，人間存在の「『自然的な状態』と『社会的な状態』と『倫理的な状態』の矛盾した統一」（ibid.）に見られる弁証法を次のように説明している。

 「社会的な」状態は「自然的な」状態を，「倫理的な」状態は他の二つの状態を自らのうちで止揚するけれども，倫理的な実存，つまり自由で，責任のある決定といえども一度として過誤や狂信や予見不可能な諸結果による堕落可能性と危険性を取り除かれてはいない。（ibid.）

 第六は，リットの弁証法は，「弁証法」としてもっとも一般的に受け取られる「歴史的な過程に特有の矛盾構造としての弁証法」（ibid.）をほとんど想起させないということである。すなわち，彼の弁証法は次のような意味をもたない。

 歴史的な運動，歴史的な時代，経済的－社会的－政治的に定義可能な階級がまさに特定の諸原理，諸目標，諸利害の徹底した追求によって，また「それらを母体として」それらの矛盾，それらの反定立を生じさせ，そしてこの矛盾を，次の歴史的な段階において「矛盾の止揚」がより高い歴史的な質の水準で成功するか，あるいは少なくとも可能になる以前に，革命的な反対運動の，歴史的な変革の段階へまで先へ先へと駆り立てる……。（ibid.）

 そして最後に「弁証法的」として挙げられているのは，「認識過程と叙述の根本構造」（ibid. 416）である。

 弁証法的な諸論証過程の「成果」，つまりその都度の「止揚」は，決して単純な諸命題においてではなく，むしろつねに単に対向の部分－諸言表（「諸契機」）の交差においてのみ定義され，そしてその

ような弁証法的な「諸結果」の中心的な概念——たとえば「契機」，「媒介」，「止揚」といった諸概念のように——は，そのような入り組んだ諸言表の連関においてのみ適切に理解可能であるか，ないしそのような諸言表を用いてのみ規定されうる。(ibid.)

以上がクラフキーによってまとめられたリット弁証法の特徴である。

次に，ルドルフ・ラサーンのリット弁証法理解を見ておこう。ラサーンは，学位論文『テオドール・リットの教育学の自己理解』(*Das Selbstverständnis der Pädagogik Theodor Litts*, 1968) の第一部で，リットの方法論を取り上げ，その「5．構造理論，現象学，そして弁証法」のなかで，リット弁証法の特徴を以下のように指摘している。

まず第一にその特徴として挙げられていることは，リット弁証法が「数学的－自然科学的な思惟の意味での単なる『方法』」(ibid. S. 42) ではない，すなわちそれが「探究されるべき『対象』への影響なしにあり続ける『手段』」(ibid.) ではない，ということである。

　リットにとって人間的な領域における認識は，つねに同時に形成という意味である。(ibid. S. 39)

この特徴に関しては，ヨーゼフ・デルボラフもまた，論文集『テオドール・リットと現在の政治教育』(*Theodor Litt und die politische Bildung der Gegenwart*, 1981) に収められた，論文「テオドール・リットの全仕事における政治教育の理論」(Die Theorie der politischen Bildung im Gesamtwerk Theodor Litts) の「権力と文化の弁証法」概念に関する脚注で，リットの「弁証法」概念が「リットの言語哲学，学理論，そして哲学的人間学の枠内における言語，ないし意味の段々高めること（Aufstufung），あるいは活動的な自我の段々高めること」(ibid. S. 21) という生成を意味する，ということを指摘している。そしてさらに，デルボラフは，ラサーンの前掲書を引き合いに出して，「リット

の弁証法は，単なる方法ではなく，むしろ精神自体の構造的な運動である」(ibid. S. 22) と記している。

　さて，ラサーンはリット弁証法の特徴としてさらに，「この弁証法にあっては，精神的な世界がその本質において弁証法的である，ということが前提とされている」(R. Lassahn, ibid. S. 43) ということを挙げている。

　そして，この「弁証法的な緊張（これは1950年以降の著作では二律背反，あるいは両価性と表現されているが）」(ibid. S. 44) は，決して消し去ることができない，それどころか和らげることすらできないということを，ラサーンは指摘している。このことは，前述のクラフキーによる，二律背反の止揚に関する理解と一致する。

　だが，そこで得られる「知（Wissen）」は，「決して諦観する知ではなく，むしろ活動する知である」(ibid. S. 47)。すなわち，リットの弁証法によってもたらされる認識は，弁証法的な緊張を止揚しえないが，しかしその緊張を越えて，行為へと認識者を駆り立てることになる。これもリット弁証法の特徴としてラサーンが指摘したことである。このことも，クラフキーによって指摘された第四の特徴と一致する。ちなみに，このことに関しては，クラフキーもラサーンも引用はしていないが，とくにリットの『生けるペスタロッチ』(*Der lebendige Pestalozzi*, 1952) のなかの次の箇所が想起される。

　　現存在の和解されない二律背反の知は……自らを越えて進み，そして単に傍観するのではなく，意欲し行為する人間への呼びかけになる。(LP. 49)

　以上が，ラサーンによって指摘された，リット弁証法の特徴である。

　これらクラフキー，ラサーン，デルボラフの理解の妥当性を，本研究[6]でも個々の問題に即して確認することができる，と考えている。

I 序　論

　だが，本研究ではそれだけではなく，次のことを闡明したい。すなわち，それは，彼の弁証法が人間の有限な立場に立った「対立の弁証法」であるということ，そしてそれがその「対立」ゆえに，対立者との「対話」の可能性と，「対話」を契機とした「自己生成」の可能性を開く「対話的な弁証法」であるということである。

　人間は有限であるがゆえに，ある高処に立って「対立」を「止揚する」ことはできない。有限な人間にできることは，自己の立場から自己に対立するものとの「対立」を鮮明にすることだけである。だが，そのことによって，自己と対立者との間に，「対話」の可能性が開かれることになる。そして，その対話が自己の「継続的な形成」を可能にするのである。この場合の「自己」は文字通りの意味の他に，たとえば学理論における自己の立場といった意味でもある。

　このリットの弁証法は，ヘーゲル弁証法の受容とそれへの批判によって形成された。リットは，『個人と社会』第三版（*Individuum und Gemeinschaft*, 3. Aufl., 1926）で，ヘーゲル弁証法の欠陥が「普遍と特殊の弁証法」における「特殊の損害」にあった，と批判し，自らの弁証法は「きわめて厳密な普遍の形式で特殊の権利を保障しようとする」ものである，と規定している。(IG. 378)

　このリットのヘーゲル受容とヘーゲル批判を，クラフキーは以下のようにまとめている。

　　　リットによれば，新たに我が物にすることや生気を与えることを要求するのは，とりわけ弁証法的な思惟というヘーゲルの方法，より厳密に言えば，歴史的－動的な人間－世界－諸関係の弁証法的な構造を対象に妥当するように解明することと，自らを－概念的に理解することという，自己自身を段々高める反省運動である。それに対して，批判的に離れることを要求されるのは，ヘーゲルの観念論的

な世界精神－形而上学，もとよりその時そこに見出される国家や客観的な文化といった，歴史的に生成してしまったものの彼による正当化，そして結局それと結び付いた，自我の，その主体性や決定の自由や責任といったことの価値低下に対してである。(W. Klafki, ibid. S. 42)

　このことは具体的にはたとえば次のようなことに見られる。ヘーゲルは，弁証法的な歴史観において，歴史を動かす原動力を超個人的な「世界精神」に，あるいはそれを体現した特定の英雄的な人物の偉大な行為に見ていた。それに対して，リットは，「名もない人々」も歴史の現実に属しているとして，特定の人々だけではなく，「名もない人々」に着目する歴史観を提示した。それゆえに，リットの歴史観は，「名もない人々」の歴史的な認識や歴史的な判断と行為，そして歴史的な責任に力点を置くことになり，それはそのための歴史的，政治的教育の必要性の強調にも繋がることになった。以下の引用は，リットが1938年にプロテスタント同盟の集会で行なった講演をもとにまとめた『プロテスタント的な歴史意識』(*Protestantisches Geschichtsbewußtsein*, 1939)〔これは1952年に出版された『生けるペスタロッチ』(*Der lebendige Pestalozzi*)[7]のなかに収められているが〕からのものである。

　　もし人夫たちが額に汗して働かなったとしたら，王たちは何一つとして築きえなかったであろう。いかなる記録にも残らない数えきれない人々の頭や腕もまた歴史の全現実に属している。(LP. 39f.)

　そして，リットは，ペスタロッチとともに「名もない人々」の立場に立って，ヘーゲルの弁証法に見られる，貧困や戦争といった「否定的なこと」を最終的に肯定する見解に対して批判を向けている。リットによれば，ヘーゲルの弁証法は以下のようである。

　　彼は，悪い，嫌な，邪悪なものがある他のより高いものに急変し，

I 序論

そうして精神の上昇における不可欠の契機として明らかになる過程を，幾重にも変化させてわれわれの目の前に導く。(LP. 33)

そのような「否定的なこと」の犠牲者は，多くの場合，「名もない人々」である。もちろん，「否定的なこと」の現実に「名もない人々」も何らかの形で関与しているのであるから，その「責任」がまったくないわけではない。だが，「名もない人々」の立場に立つ限り，そのような犠牲を肯定することは決してできないのである。

以上のヘーゲルとリットの弁証法に見られる差異を，クラフキーは以下のようにまとめている。

彼のヘーゲルとの成果に富む差異……は，リットが世界史を絶対的な精神の「自己外化」や「自己展開」として理解し，苦痛や不正や抑圧や戦争や過誤をその過程の現実的に不可欠な諸契機として正当化することを許さない。それどころか，このヘーゲルとの差異は，リットが人間の行為に対する，すなわち歴史的にそれぞれ可能な真理認識や自由や分別のある倫理性に対する人間の歴史的な責任を，すなわち何かある超人間的な審級――たとえばいわゆる世界史の合法則性や「絶対者」や「神」等々――に原理上転嫁されえない責任を，もっとも力を込めて明らかにすることへと導く。(*Die Pädagogik Theodor Litts*, 1982. S. 41)

そして最終的に，本研究を通して強調したいことは，クラフキーをはじめとするリット研究者がすでに認めていることではあるが，リットの「理論と実践の弁証法」の理論が彼自身の理論と実践の関係，すなわち彼の学問と人生（生き方）の関係において体現されている，ということである。

リットを最初に学問研究へ導いたのが，「第一次世界大戦の諸震撼」であったように，彼の学問は，つねに時代の歴史的，社会的な問題に触

発される形で展開された。だが，彼はつねに，時代的に特殊な問題のうちに，普遍的な問題を見出し，そこに普遍的な知を求めた。すなわち，彼は，特殊性のうちに，普遍性を，そして特殊性と普遍性の弁証法的な関係を見出そうとしていた。そして，彼の学問の帰結は，その知が最終的には時代の特殊性と結び付いて，その問題を解決する，あるいは解決への示唆を与えるということにあった。つまり，彼にとって学問は最終的には，自らをはじめ，問題を抱えている人々の個別的な生や行為に結び付くべきものであった。リットの82年弱の人生は，この結び付きを見事に体現したものであった，と言える。

　1989年の『1933年ドイツの哲学者たち』(*Deutsche Philosophen 1933*) に収められた，トーマス・フリーデリッヒ (Thomas Friederich) の論文「»あまりにも直接的な方法«に対するテオドール・リットの警告」 (Theodor Litts Warnung vor »allzu direkten Methoden«) と，1990年2月23日の「時代」(Zeit) に載った，その書評で，テオドール・リットが「ナチス－体制の安定化に関与したという，まったく不当な中傷」を受けたときに，アルベルト・レープレ (Albert Reble)，ヴァルター・シュテッガー (Walter Steger)，ルドルフ・ラサーン，ヘルマン・フォン・ブラウンベーレンス (Hermann von Braunbehrens) が1991年の学術雑誌「教育学評論」(Pädagogische Rundschau) 第45巻で，それらの「不当な中傷」に対して「刑法上の解明と訴追を迫る」ほどの反撃を展開したのも，それらが単に事実に反するというだけではなく，それ以上に，このような中傷がリットの学問と，それと弁証法的に結び付いた彼の真摯な人生を否定するものであったからである，と言える。これは，ちょっと大袈裟な言い方になるかもしれないが，リットにとっては，そして彼をよく知る人々にとっては，ソクラテスが死刑の判決後に脱獄し亡命したと言われるに等しいことである，と思われる。

Ⅰ 序 論

　このリットの国家社会主義との関係も含めて，次節では，リットの人生と研究活動の歴史を示したい。

2．テオドール・リットの人生と著作[8]

　リットは，ドイツのデュセルドルフで1880年12月27日にギムナジウムの教師の家庭に生まれた。1899年（18才）から1904年（23才）までボン大学とベルリン大学で古典語，歴史学，哲学等を学んだ。確かな証拠はないが，ベルリン大学では1900年から1901年の冬学期にディルタイの「文化との関連における哲学の一般史」の講義を聴いたのではないかと推測されている。また，これも確たる証拠はないが，そのベルリンで，ディルタイ門下生のノール，シュプランガー，マックス・フリッシュアイゼン-ケーラー（Max Frischeisen-Köhler），そして当時ディルタイのもとで研究していたマルチン・ブーバー（Martin Buber）との接触があったのではないかと推測されている。(W. Klafki, *Die Pädagogik Theodor Litts*, 1982. S. 12) リットは，1904年にボン大学で，古典学の論文で学位を取得した。

　1904年（23才）から1918年（37才）までの14年間，ケルンとボンでギムナジウムの教師として古典語と歴史学を教えた。この間の経験が彼に歴史とともに教育への強い関心を抱かせることになった。また，1914年に勃発した第一次世界大戦の経験が，歴史と教育への関心をより切実なものにした。このことを，クラフキーは次のように記している。

　　リットは後に，とりわけヨーロッパの諸民族の道徳的で，文化的で，内外の政治的な危機の表現として彼によって理解された……第一次世界大戦の諸震撼が彼の携わった哲学と科学的な教育学への転

向の鍵となる動因であった，と繰り返し強調している。(ibid. S. 13)
　その頃の論文には，「歴史教育と言語教育」(Geschichtsunterricht und Sprachunterricht, 1916)，「歴史的に基礎付けられた現在の理解への教育について」(Von der Erziehung zum historisch begründeten Verständnis der Gegenwart, 1917)，「高等学校の主知主義に対する闘い」(Der Kampf wider den Intellektualismus der höheren Schule, 1917)がある。また，最初の著作で，「文化科学的な陶冶の問題と目標」(Probleme und Ziele kulturwissenschaftlicher Bildung) という副題をもつ『歴史と生』(*Geschichte und Leben*) が1917年に完成し，1918年に出版された。この著作においてリットはすでに「国家主義的で帝国主義的な過度から自由であった」(*Die Pädagogik Theodor Litts*, 1982. S. 15f.) とクラフキーは記し，学問や教育と政治との関係に関する当時のリットの考えを次のように述べている。

　　一面明確に彼は，1917年以来展開する彼の「多元論的な」文化の考えに従って，すべての文化領域と，その結果また諸科学や教育（教育理論を含む）の（相対的な）独立を擁護したが，その反面強く彼は，他方において1916年，1917年以来繰り返し，学問や教育もまた社会や国家といった全体に関連した諸々の出来事や制度や活動との，換言すれば，政治との解きがたい諸相互関係にある，と強調した。(ibid. S. 15)

　だが，当時のリットは，実際の政治的な活動に関して自己規制的であった。それは，クラフキーによると，「学問や教育は，彼によって力を込めて強調された，政治との諸連関にもかかわらず，具体的な政治的事件に対して距離（中立）を守らなければならず，それゆえに諸科学として，教育理論や教育実践として政治的な現在的事件に加担してはならない」(ibid. S. 16f.) という考えに基づいていた。

I 序論

　『歴史と生』を機縁として，第一次世界大戦後，リットは1919年（38才）にベルリンのプロイセン州文部省に半年間勤務し，新教育実施計画案，とりわけギムナジウムの新カリキュラム案の策定に協力した後，ボン大学の員外教授になった。彼が担当した教育学の講座は，戦後はじめて設けられたものである。

　同年，彼は「社会理論と倫理学の根本問題」(Grundfragen der sozialen Theorie und Ethik)〔第二版以降は「文化哲学の基礎付け」(Grundlegung der Kulturphilosophie)〕という副題をもつ第二の著作『個人と社会』(*Individuum und Gemeinschaft*) を出版した。クラフキーは，リットがこれら二つの著作によって「とりわけ精神科学的教育学とドイツの文化哲学や社会哲学の発展を後まで残る形で規定した学者の一人になった」(ibid. S. 20) と記している。

　『個人と社会』が認められ，リットは1920年（39才）に，ベルリンに転じたシュプランガーの後任としてライプチッヒ大学の哲学と教育学の正教授になった。ちなみに，彼のライプチッヒ大学教授就任公開講義の題名は「政治と教育」(Politik und Erziehung)〔原稿は現在残っていないとのことである (W. Klafki, ibid. S. 17) が〕であった。

　1920年代の教育や教育学に関する[9]論文と著作には次のようなものがある。『大学における職業教育と一般教育』(*Berufsstudium und Allgemeinbildung auf der Universität*, 1920)，『国民教育と国際主義』(*Nationale Erziehung und Internationalismus*, 1920)，「教育学的思惟の方法論」(Die Methodik des pädagogischen Denkens, 1921)〔これは「カント研究」(Kant-Studien) 第26巻に掲載され，その後，最後の部分が省略されたものが「教育学的思惟の本質」(Das Wesen des pädagogischen Denkens) と改題されて，『指導か放任か』(*Führen oder Wachsenlassen*) に収められている〕，「教育学」(Pädagogik, 1921)，「公民

教育の哲学的な基礎」(Die philosophischen Grundlagen der staatsbürgerlichen Erziehung, 1924),『現代哲学とその陶冶理想への影響』(*Die Philosophie der Gegenwart und ihr Einfluß auf das Bildungsideal*, 1925),『教育学の可能性と限界』(*Möglichkeiten und Grenzen der Pädagogik*, 1926)〔これには、1920年の講演「教育学の現在的な状況とその諸要求」(Die gegenwärtige Lage der Pädagogik und ihre Forderungen), 上述の論文「公民教育の哲学的な基礎」等が収められている〕、そして、「教育学的な根本問題への一論究」(Eine Erörterung des pädagogischen Grundproblems) という副題の付いた『指導か放任か』(*Führen oder Wachsenlassen*, 1927) がある。

また、1920年代の著作には他に、『近世の倫理学』(*Ethik der Neuzeit*, 1926),『科学、教養、世界観』(*Wissenschaft, Bildung, Weltanschauung*, 1928) 等がある。

1925年 (44才) にはリットは、ノール、シュプランガー、フィッシャー (Alois Fischer)、フリットナーとともに、雑誌「教育」(Die Erziehung) を創刊した。この雑誌は、彼らが新たに提唱した「精神科学的教育学」の指導的な機関誌であった。

このヴァイマール時代のリットの政治的立場を評して、クラフキーは次のように記している。

> 1933年までのリットは、ある一定の制限付きで、たしかに積極的に参加的にヴァイマール共和国のために活動しなかったが、しかし、ヴァイマール共和国を時代に合った政治的な形態として誠実に尊重した「理性的共和主義者」に数え入れられる……。(*Die Pädagogik Theodor Litts*, 1982. S. 27)

1931年10月 (50才) にはライプチッヒ大学の学長に就任した。この就任の動機に関して、レープレは、「教育学評論」(Pädagogische Rundschau) 第45巻（1991年）に収められた，テオドール・リットへの不当な政治的中傷に対する反撃の論文「テオドール・リットの人格と著作との出会い」(Begegnungen mit Theodor Litts Persönlichkeit und Werk) のなかで (S. 274)，それは，社会主義的な学生グループによって惹起された「1930年から1931年にかけて生じた危機的状況」，つまり「自律的な学問と研究の危機，したがって大学の政治化の危機」であった，と記している。また，クラフキーも，1931年12月にリットが行なった学長就任記念講演「大学と政治」(Hochschule und Politik) は，「大学と学問の偽りの政治化の迫りつつある傾向に反対し，学問的な研究と学説の自由の維持の意味での大学の政治的な共同責任を擁護する」ものであった，と記している。(*Die Pädagogik Theodor Litts*, 1982. S. 27) さらに，クラフキーは，そのリットの決意を次のように明記している。

> リットは，明らかに大学法上許される可能性のうちで，国家社会主義の諸グループに反対の態度を取ろうと決心していた……。(ibid.)

そして，クラフキーは，「リットがその時代すでにあらゆる独裁者の，それゆえ国家社会主義者の断固とした敵対者であったことに疑いの余地はない」(ibid.) と言い切っている。事実リットは学長としての公務執行の間，「国家社会主義－学生同盟の統制の諸要求」を拒否し続けたと，ブラウンベーレンスは，上述の「教育学評論」第45巻（1991年）に収められた短論文「哲学者テオドール・リットへの中傷的な攻撃に対する防衛」(Abwehr eines verleumderischen Angriffs auf den Philosophen Theodor Litt) で，述べている。(S. 308) その「統制の諸要求」とは具体的には，国家社会主義を学問的に基礎付ける新たな学問の要求や，ユダヤ人教官の大学からの追放といったことを意味する。

　リットは，1932年9月（51才）で学長職を終了するが，この間の経験，すなわち「その攻撃的で－がさつな態度の，その外面的，内面的に

無規律な，そしてより悪い結果を予感させる，その誠実さと公正さを欠いた，ライプチッヒの国家社会主義的な学生グループとの交わりと争いにおける彼の個人的な経験」(A. Reble, ibid.) が，1932年10月ダンツィッヒでの大学連盟会議の席上，大学教員による，そのような学生グループに対して反対を表明する宣言に関する彼の提案に繋がる。この提案は，シュプランガーをはじめ，事態を深刻なものと受け取っていなかった教員たちによって否決された。このことを，クラフキーは，「国家社会主義的な学生グループの目標の少なくとも間接的な承認の兆候として受け取られても仕方なかった」(W. Klafki, ibid. S. 28) と述べている。

　1932年10月，リットのもとでリット研究を志し，ライプチッヒ大学に入学したレープレは，当時のリットの置かれた状況を次のように記している。

　　まさに当時そこで……すでに全学学生自治会（ASTA）を支配していた国家社会主義的な学生グループの側に，リットに対する敵意に満ちた雰囲気が顕在化した。(A. Reble, ibid.)

　また，1933年には，ミュンヘンの教育学－心理学会のための基調講演として予定されていた，リットの「国家社会主義的な国家における精神科学の位置」と題する講演が，国家社会主義ドイツ労働者党のイデオロギーと一致しないという理由から中止された。(H. v. Braunbehrens, ibid. S. 307) この講演の意図は，第一部で「国家社会主義的な国家の世界観を『学問的に基礎付ける』という，当時政党から精神科学にたびたび出された不当な要求」を，「精神科学の，とくにその指導的な機関としての哲学の独立性」の考えに基づいて拒否すること，そして「第二部では国家社会主義的な人種理論と対決する」ことであったと，ブラウンベーレンスは記している。(ibid. S. 308) さらに，リットは，講演中止後，ミュンヘン会議から原稿内容の削除という発表禁止に等しい要求を

受けたが，予定していた講演原稿を原文のまま，1934年雑誌「教育」に発表した。この事実は「ナチス－党のすべての受け入れ要求に対して哲学の独立を守ろうとする彼の決心を証明する」ものであると，ブラウンベーレンスは解している。(ibid.) この時期，上述の講演と同様に，国家社会主義的なイデオロギーを直接的に批判したリットの論文には，「哲学と時代精神」(Philosophie und Zeitgeist, 1935) がある。

また，クラフキーは，「リットがユダヤ人のゲッチンゲンの哲学者ゲオルグ・ミッシュ (Georg Misch) の公職罷免に際して，ノールへの1935年4月29日の手紙のなかで『悲嘆と義憤』を表わした」(W. Klafki, ibid. S. 31) という事実を取り上げている。

以上の一連の流れのなかで，リットは，1936年に退職の申請を提出し，1937年9月申請が認められ，ライプチッヒ大学を退職した。ちなみに，退職時，リットは56才であった。この「早すぎた退職の申請」に関して，クラフキーは，次のように理解されると述べている。

> 早すぎた退職の申請によって公的に，彼は国家社会主義－体制のうちで大学教員として活動する気がないということをはっきり示した……。(ibid.)

退職後，国家社会主義的なイデオロギーとの直接的な対立を示したものには，1938年の著作『ドイツ精神とキリスト教』(*Der deutsche Geist und das Christentum*) と同年の講演「人種理論史観の思想的な基礎」(Die gedanklichen Grundlagen der rassentheoretischen Geschichtsauffassung) がある。

これらの著作のことを取り上げて，クラフキーは次のように記している。

> リットは，当該の諸著作のそれほど重大とは思われない箇所でも，それらをあからさまに国家社会主義的な諸一般原理の批判として公

表することを恐れなかった。(W. Klafki, ibid. S. 32)

この時代,「リットは1910年に結婚し,一人の娘と二人の息子という家族構成であった」そうであるが,「ナチ時代わが家庭は崩壊の危機にあった」と,リットの長男ヴェルター・ルードルフ・リットはリットの生誕百年祭の折に,語ったそうである。〔小笠原道雄訳のリット著『技術的思考と人間陶冶』(玉川大学出版部,1996年)の翻訳者による「あとがき－解説にかえて」(172頁)〕だが,そのような私的な生活面での危機を抱えつつも,リットは,研究の面では,「早すぎた退職」によって心ならざる時間を得たわけで,国家社会主義的な人種理論や歴史解釈に対立する哲学的人間学を展開すること,そしてより早い時期の哲学的な諸問題の考察を深めることができた。

前者に関する研究の成果には,1938年の『人間の自己認識』(*Die Selbsterkenntnis des Menschen*),1939年の『プロテスタント的な歴史意識』(*Protestantisches Geschichtsbewußtsein*),1942年の論文「生けるものの領域における人間の特殊な位置」(Die Sonderstellung des Menschen im Reiche des Lebendigen) がある。

後者に関する主要な著作としてとくに挙げられなければならないものには,1939年の半ばに最初の草稿が完成した『人間と世界』(*Mensch und Welt*) と,同じ頃にすでに仕上げられていたと推測される『思惟と存在』(*Denken und Sein*) がある。これらの著作は補完的関係にある。(『人間と世界』第一版の序文)

『人間と世界』は,1926年の『個人と社会』第三版,1930年の『精神的な世界の解釈者としてのカントとヘルダー』(*Kant und Herder als Deuter der geistigen Welt*),1933年の『哲学入門』(*Einleitung in die Philosophie*) の思考過程の継続として位置付けられ,そこでは哲学的人間学が展開されている。この出版は,第二次世界大戦の勃発で中止さ

れ，その後さらに手が加えられて，出版されたのは，戦後の1948年であった。

『思惟と存在』は，1923年の「学問の分類と方法と使命についての研究」という副題をもつ『認識と生』，1928年の『科学，教養，世界観』，1933年の『哲学入門』の研究の延長線上にあり，認識論，および学理論を展開している。この出版もまた，『人間と世界』の出版と同年の1948年であった。ちなみに，『思惟と存在』の出版に先行して，1941年には，精神科学の認識論・学理論を扱った『精神科学的な認識の構造における普遍』(*Das Allgemeine im Aufbau der geisteswissenschaftlichen Erkenntnis*) が出されている。

そして，この1941年（60才）には，リットに公式に講演禁止の命令が出された。〔この事実は，リットの戦後の著作『歴史的な意識の再覚醒』(*Die Wiedererweckung des geschichtlichen Bewußtseins*, 1956) の略歴 (S. 6) に記載されている。〕

以上の1933年から1945年までのリットの研究活動に関して，クラフキーは『テオドール・リットの教育学』で，次のように総括している。

> いずれにせよ上述のリットのナチス批判的な諸出版物は，1933年以後ヒトラー－独裁の支配区域内で国家社会主義的な世界観の，とくにその歴史解釈とその人種イデオロギーの学問的に支持できないことを証明し，そして誤解されようのない厳しさで，この教義の真に残忍な国粋主義に学問的な基礎付けと正当化を与えうるという，そのような努力に立ち向かう，ほとんど稀に見る勇敢な試みのなかでもきわめてはっきりと目立った試みに属する。

> たとえ1933年以前の政治的なことと公民教育のリットの理論がその形式主義的な諸傾向のために決定的な諸点で問題になり続けたとしても，それは，国家社会主義的な学説の諸倒錯に対する，そして

31

それに基づく政治的な体制の非人間性に対する彼のまなざしを曇らせることはなかった。(S. 37f.)

また，レープレは，前掲の論文「テオドール・リットの人格と著作との出会い」の最後で，「国家社会主義に対するリットの関係についてのこれまででもっとも広範囲で，もっとも徹底的な研究を提出してきたヴォルフガング・クラフキー」の言葉として，「1933年以後の彼の個人的な態度には一つの汚点もない」(W. Klafki, ibid. S. 37) という箇所を引用し，さらにレープレ自身の経験に基づいて，「私は……1933年にすでに国家社会主義を，それが現実にそうであったものとして認識するための目を私に開いてくれたことをテオドール・リットに負うている」(A. Reble, ibid. S. 284) と記している。

リットは，1945年（64才）にナチスドイツの敗北とともにライプチッヒ大学に復職した。彼は，選挙で学長に選ばれたが，「今は一貫して大学の一員であった者にこそ学長たる資格がある」と，学長を辞退したそうである[10]。研究・教育活動を再開し，教育政策にも参画した彼であったが，民主主義を擁護する立場，そして社会や政治からの教育の「相対的な自律」を支持する立場[11]から，ソビエト連邦によって統治された東ドイツ（ドイツ民主共和国）の共産主義体制にも自由を抑圧したナチスと同じ全体主義的な傾向を感知し，それへの批判を講義や講演や出版物で展開した[12]。この講義や講演は大好評を博したそうであるが，そのことによって，1947年9月（66才）にはソ連当局から停職に処せられた。この危機をナチスの二の舞ではないかと救ったのが，当時の学長ガーダマー (Hans-Georg Gadamer) であったそうである[13]。彼の尽力もあって，1947年10月，リットは母校であり，はじめて大学での講義を担当した西ドイツ（ドイツ連邦共和国）のボン大学に哲学と教育学の正教授として27年ぶりに戻ることになった。彼は，その後，同大学に新

I 序論

たに設立された教育科学のための研究所の所長も兼任した。

　そして，1952年（71才）にボン大学を定年退職した後も，同大学で講義を担当し，講義は1961年（80才）から1962年（81才）の冬学期まで続いたそうである。この冬学期期間中の2月に「彼は講義時間にくずおれてしまった」と，1955年にボン大学のリットの後任になったデルボラフが報告している。(*In memoriam Theodor Litt*, 1963. S. 24)

　リットは，そのような大学での教育活動の他に，1949年以降は全西ドイツで講演活動を行ない，この活動は，学問的な研究，出版活動とともに，1962年の2月まで，衰えを知らなかったとのことである。(W. Klafki, ibid. S. 40) この1962年に出版された，「民主主義の哲学と教育学のために」という副題の付いた『自由と生の秩序』(*Freiheit und Lebensordnung*) の序文は，倒れる直前の1962年1月に書かれたものである。この著作と同様に，民主主義と政治教育の問題を扱ったものには他に，講演「人間の自由と国家」(Die Freiheit des Menschen und der Staat, 1953) と論文「政治教育の本質と課題」(Wesen und Aufgabe der politischen Erziehung, 1953) を収めた『ドイツ国民の政治的な自己教育』(*Die politische Selbsterziehung des deutschen Volkes*)，『東西対立の相のもとにおける学問と人間形成』(*Wissenschaft und Menschenbildung im Lichte des West-Ost-Gegensatzes*, 1958) がある。

　このように，リットは1962年7月16日に81才で亡くなる半年前まで，講義や講演や著作を通して，自由を抑圧する共産主義に反対し，民主主義の擁護とそのための政治教育の必要性を訴え続けた。そのことを，クラフキーは次のように捉えている。

　　西洋の理念史と現実史の過程で苦労して勝ち取られた，個人的な自由要求とそれに相応する民主主義的な諸憲法原則のこれらの成果が，その独裁的な支配要求を科学として理解された史的－弁証法的

33

な唯物論の憶測的な普遍妥当性から導出する共産主義によって危うくされていると，彼は見た。(W. Klafki, ibid. S. 50)

こうして，戦後のリットは，民主主義を「20世紀の歴史的な発展状況でヒューマニズムと自由を唯一保障しうる政治的な活動形式として」捉え（ibid. S. 23），「間違いなく，しかも大いなる参加で積極的に民主主義のために尽力した」(ibid. S. 16) と，クラフキーは記している。

リットは，1945年以降決定的に，議会制民主主義に関して無条件に肯定的な立場へと突進し，しかもこの点に関してヴァイマール時代の彼の公民教育の構想の形式主義的－抽象的な諸傾向を克服した。

さらに，彼はドイツにおける民主主義的－政治的な教育を，年長の世代がこの過程を同時に自己教育過程として遂行しなければならない限りで，根本的に新たな教育課題として理解した。(ibid. S. 44)

そしてさらに，クラフキーは，この「政治的－民主主義的な教育の新たな理論」において，リットがその理論の根本的範疇として「闘争概念 (Konfliktbegriff)」を際立たせたことを評価している。(ibid.)

また，戦後の主要な出版物には，民主主義と政治教育の問題とも密接に関連する，歴史的な意識や歴史的な責任の問題を扱ったものが多数ある。この問題意識は，1918年の最初の著作『歴史と生』にすでに見られるが，国家社会主義とその崩壊の経験を経て，そして東西に分断されたドイツの状況に直面して，再覚醒されたと言える。この新たな展開は，1946年のライプチッヒでの講演「歴史と責任」(Geschichte und Verantwortung) に始まる。当該の問題を扱った著作には，1948年の『歴史的な思惟の正道と邪道』(*Wege und Irrwege geschichtlichen Denkens*)，1950年の『歴史の前の人間』(*Der Mensch vor der Geschichte*)，1956年の『歴史的な意識の再覚醒』等がある。

また，晩年の彼の関心は，自然科学と科学技術の飛躍的な発展によっ

I 序 論

てもたらされた現代の産業社会における人間存在と人間形成の問題に向けられた。これに関する著作の代表的なものが，『自然科学と人間形成』(*Naturwissenschaft und Menschenbildung*, 1952)，『ドイツ古典主義の陶冶理想と現代の労働世界』(*Das Bildungsideal der deutschen Klassik und die moderne Arbeitswelt*, 1955)，『技術的な思惟と人間的な形成』(*Technisches Denken und menschliche Bildung*, 1957) である。

そして，この問題は，「職業教育と一般教育の総合」の問題と結び付いている。これは，一般教育には「現代の分業化した世界における職業選択と職業活動の諸問題の反省」を中心テーマとすることを要求し，職業教育には「その実践的な諸職業経験を，それらを越えて広がる歴史的－社会的－政治的な過程や交差の連関のなかへ反省的に組み入れる能力を与える」ことを要求する。(W. Klafki, ibid. S. 46f.) また，それは，一般教育が専門教育の可能性とともに，その限界についての「自己反省」として要請されなければならないということでもあった。(ibid. S. 49f.) これに関連する著作としては，1947年の『職業教育と一般教育』(*Berufsbildung und Allgemeinbildung*)，1958年の『職業教育，専門教育，人間形成』(*Berufsbildung, Fachbildung, Menschenbildung*) 等がある。

これらの第二次世界大戦後の教育学についての論文や著作は，初期の頃（とくに1920年代）のものの「根本的見解を補完し，具体化するが，しかし変更はしない」と，クラフキーは，ともに『指導か放任か』に収められている，1946年の論文「教員養成のための理論の意義」と1920年代の論文「教育学的思惟の本質」の関係を取り上げて，述べている。(W. Klafki, ibid. S. 47)

そして，上述のどちらかというと教育学的な諸問題を扱った戦後の著作とは，リットの意味での弁証法的な関係にあり，哲学的人間学や認識

論・学理論を扱った『人間と世界』,『思惟と存在』とともに,彼の後期の哲学的な主著として挙げられるものに,大著『ヘーゲル』(*Hegel*, 1953)がある。これは,「1920年代の半ば以来持続し,次第に強まった,リットのヘーゲルとの対決」の書であり(W. Klafki, ibid. S. 42),それには「批判的な革新の試み」(Versuch einer kritischen Erneuerung)という副題が付いている。

　以上が,リットの人生と研究活動の歴史である。

註
(1)　ちなみに,リットは1920年の10月から1937年の9月までと,第二次世界大戦後1945年から1947年9月まではライプチッヒ大学で,1947年10月から定年退職した1952年まではボン大学で,哲学と教育学の正教授であった。
(2)　デルボラフは,1912年生まれで,リットが1952年にボン大学を定年退職した後,1955年からリットの後任としてボン大学の哲学および教育学の正教授の職を引き継いだ。
(3)　リットに関する記念論文集には他に以下のようなものがある。デルボラフとニコリンによって編纂された,リットの80歳の誕生日を祝う『認識と責任』(*Erkenntnis und Verantwortung,* 1960),デルボラフとニコリン,そしてクレメンス・メンツェ(Clemens Menze)によって編纂された,彼の生誕百年を記念した『意味と歴史性』(*Sinn und Geschichtlichkeit*, 1980)。また,生誕百年に関連して出版された論文集には,『テオドール・リットと現在の政治教育』(*Theodor Litt und die politische Bildung der Gegenwart*, 1981)と『テオドール・リット－彼の仕事についての教育学的な諸分析－』(*Theodor Litt. Pädagogische Analysen zu seinem Werk*, 1982)がある。ちなみに,学術雑誌「教育学評論」(Pädagogische Rundschau)は,1982年(第36巻)の第2号で,リット特集号を組んで

いる。
(4) ドイツにおけるリット研究の主だった著作には，他に以下のようなものがある。

    Albert Reble, *Theodor Litt*, 1950.
    Paul Vogel, *Theodor Litt*, 1955.
    Hans-Otto Schlemper, *Reflexion und Gestaltungswille*, 1964.
    Rudolf Lassahn, *Das Selbstverständnis der Pädagogik Theodor Litts*, 1968.
    Ursula Bracht, *Zum Problem der Menschenbildung bei Theodor Litt*, 1973.

(5) クラフキーは，『精神と教育』の論文「教育学における弁証法的な思惟」で，ノールの弁証法との比較を通して，リットの弁証法の特徴を論じている。(Vgl. bes. *Geist und Erziehung*, 1955. S. 82ff.)
(6) 本研究は，以下の拙稿に基づいている。

    「Th. リットの人間観－『個人と社会』を中心に－」(「教育思想」第10号，1983年3月)
    「Th. リットの人間観－『人間と世界』を中心に－」(「教育思想」第11号，1984年3月)
    「Th. リットの疎外論」(「教育思想」第12号，1985年3月)
    「1920年代 Th. リットにおける教育学の方法論とその根本前提」(「教育思想」第15号，1988年3月)
    「事象と人間－テオドール・リットの「事象」概念を中心にして－」(「石巻専修大学研究紀要」創刊号，1990年3月)
    「身体と人間－テオドール・リットの「身体」概念を中心にして－」(「石巻専修大学研究紀要」第3号，1992年3月)
    「自己認識と人間－テオドール・リットの自己認識の問題を中心にして－」(「石巻専修大学研究紀要」第5号，1994年3月)
    「自己認識と教育－テオドール・リットの自己認識の問題を手掛かりにして－」(「教育思想」第22号，1995年2月)
    「出会いと人間－テオドール・リットの「出会い」概念を中心にし

て－」(「石巻専修大学研究紀要」第7号，1996年2月)

「戦後日本の民主主義と政治教育－テオドール・リットの思想に照らして－」(「石巻専修大学研究紀要」第9号，1998年2月)

　また，リットの著作に関して，本研究の対象には，リットにおける教育学と哲学の弁証法的な関係ということから，教育学的な著作だけではなく，当然哲学的な著作も含まれている。

(7)　ちなみに，リットは，ペスタロッチの人間学と，その解釈に基づく教育理論を，第二次世界大戦後ドイツの精神的な再生を可能にする理論として考えていた。(W. Klafki, ibid. S. 48)

(8)　この節は，リット自身の著作の記述やリット研究書を参考にしているが，とくにクラフキーの『テオドール・リットの教育学』の第一部「伝記と研究史」(Biographie und Werkgeschichte) に依拠している。それとともに，リットの国家社会主義との関係に関しては，1991年の学術雑誌「教育学評論」第45巻に収められた，レープレとブラウンベーレンスの論文を参考にしている。また，日本における研究には，田代尚弘の『シュプランガー教育思想の研究』(風間書房，1995年)があり，参照した。その第八章で「シュプランガーの同時代人として」の「リットと国家社会主義の問題」が扱われている。

　また，日本におけるその他のリット研究書，および関連図書も参考にしている。以下に主なものを挙げておく。(以下に挙げる参考文献は，本研究の全体に渡って参考にしたものである。)

　　長田新『最近の教育哲学』(岩波書店，1938年)
　　長田新『教育哲学』(岩波書店，1959年)
　　杉谷雅文『現代哲学と教育学』(柳原書店，1954年)
　　杉谷雅文『リット』(牧書店，1956年)
　　杉谷雅文編著『現代のドイツ教育哲学』(玉川大学出版部，1973年)
　　稲富栄次郎『現代の教育哲学』(福村書店，1959年)
　　天野正治編著『現代に生きる教育思想5』(ぎょうせい，1982年)
　　村田昇編著『教育哲学』(有信堂，1983年)
　　小笠原道雄編著『ドイツにおける教育学の発展』(学文社，1984年)

Ⅰ　序　論

　小笠原道雄編著『教育学における理論＝実践問題』（学文社，1985年）
　また，リットの翻訳書に付けられた，翻訳者による「あとがき」や「解説」や「リットの略歴」も参考にしている。リットの翻訳書を以下に挙げておく。
　石原鉄雄訳『科学・教養・世界観』（関書院，1954年）
　関雅美訳『近世倫理学史』（未来社，1956年）
　柴谷久雄，杉谷雅文共訳『生けるペスタロッチー』（理想社，1960年）
　田中元訳「歴史の意味の自己特殊化」（『歴史とは何か』）（理想社，1967年）
　石原鉄雄訳『教育の根本問題』（明治図書，1971年）
　荒井武，前田幹共訳『現代社会と教育の理念』（福村出版，1988年）
　小笠原道雄訳『技術的思考と人間陶冶』（玉川大学出版部，1996年）
　また，ここでは個々の論文名は省略する（本文末「参考文献」参照）が，とくに小笠原道雄，岡本英明，前田幹の学術雑誌（「教育哲学研究」，「教育学研究」）や大学の研究紀要に掲載された諸論文を参考にしている。（これらも本研究の全体に渡って参考にしている。）ちなみに，前田幹には，出版されていないが，教育学博士の学位論文（授与大学は東北大学）「テオドール・リットの人間学と教育学」（1974年）がある。
　さらに，とくに以下の翻訳書を参考にしている。
　ヴィルヘルム・フリットナー（島田四郎，石川道夫共訳）『一般教育学』（玉川大学出版部，1988年）
　ヨーゼフ・デルボラフ（小笠原道雄監訳）『現代教育科学の論争点』（玉川大学出版部，1979年）
　ヨーゼフ・デルボラフ（石原鉄雄，山田邦男共訳）『教育と政治』（広池出版，1980年）
　Ｊ・デルボラフ（村井実監修）『現代ドイツの教育学と教育政策』（広池出版，1984年）
　ヨーゼフ・デルボラフ（小笠原道雄監訳）『教育学思考のパラダイム転換』（玉川大学出版部，1987年）
　Ｗ．クラフキー（小笠原道雄監訳）『批判的・構成的教育科学』（黎明

書房，1984年）

　　　W・クラフキ（小笠原道雄編）『教育・人間性・民主主義－W・クラフキ講演録』（玉川大学出版部，1992年）
(9)　「教育や教育学に関する」としているが，ここでも，前節で明らかにしたように，リットにあっては，教育学と哲学は相関関係にあるわけで，「彼の教育学的な問題設定は，つねに実際一般的な哲学的根本問題の特殊領域的な（まさに教育に関連した）『具体化』として理解されうるし，そうされなければならない」（W. Klafki, *Die Pädagogik Theodor Litts*, 1982. S. 21）ということである。
(10)　H.-G. ガーダマー（Hans-Georg Gadamar）（中村志郎訳）『哲学修業時代』（未来社，1982年），155頁。
(11)　この立場は，1920年代の論文「教育学的思惟の本質」と，リットが1946年に雑誌「教育学」（Pädagogik）に寄稿した論文「教師養成のための教育学的な理論の意義」のなかに見られる。これらの論文はともに，その後『指導か放任か』のなかに収められた。
(12)　クラフキーは，「リットは，ソ連占領地域における彼の講演活動を1947年までは，明らかに本質的な諸制限なしにまだ行なうことができた」（W. Klafki, ibid. S. 39）と記している。
(13)　H.-G. ガーダマー（中村志郎訳）『哲学修業時代』（未来社，1982年），140-174頁。

II 教育学の方法論

1．はじめに

　ルドルフ・ラサーン（Rudolf Lassahn）は，講演「ドイツにおける教育学の動向」〔『教育哲学研究』第37号（1978年），32-46頁（平野智美監訳，高祖敏明訳）〕のなかで，教育学の学理論の大きな潮流を二つ確認し，さらにそれぞれのうちに二つの流れを認めている。この四つの流れの一つは，経験主義的実証主義的教育学である。これは，ロック（John Locke）の古典的経験論やコント（Auguste Comte）の実証主義の流れを汲み，観察，仮説設定，テスト，実験といった自然科学的な方法を採る。二つ目は批判的社会科学的教育学である。これは，これらの流れのなかではもっとも新しく，1960年代以降に生じてきた，新マルクス主義者の，とくにフランクフルト学派の批判的社会哲学に影響を受けた。三つ目は解釈学的実践的教育学，もしくは精神科学的教育学である。これは，ディルタイ（Wilhelm Dilthey）の生の哲学に源を発し，フッサール（Edmund Husserl）の現象学によって方法論的に補強された。そして最後の一つは，規範的教育学である。これは，カント（Immanuel Kant）と20世紀の新カント主義者たちに由来し，その哲学的成果を教育の指導理念とする。

　これらの流れのなかで，リットの教育学は，ノール，シュプランガー，フリットナー，ヴェーニガーの教育学とともに，三つ目の精神科学的教育学，解釈学的実践的教育学のなかに入れられている。

　さて，このように位置付けられるリットの教育学の学理論は，主として1920年代に展開された[1]。この1920年代というのは，周知のように，ドイツの大学に教育学の講座がはじめて設けられた時期である。だが，

この時期，教育学はまだまだ一つの独立した学問としての地位を築いてはいなかった。この時期は，教育学がその母体である哲学の応用としての学問（応用哲学）の地位から離れて，独自の道を歩もうと模索していた時期である。たしかに，規範的教育学のように，応用哲学的な立場に留まったものもあった。しかし，一方には，自然科学的な方法を採ることによって，哲学に別れを告げようとする傾向の教育学も現われてきた。また他方では，それに対して精神科学的な方法によって，哲学と密接な関係を保ちつつ，独自の学問として自立しようとする教育学が現われてきた。

このような時期に，リットは後者の立場で，教育学の学問的独自性とその方法論の解明にあたった。この彼の学理論と方法論は，その後，ボルノー（Otto Friedrich Bollnow），クラフキー等の教育学に影響を与えてきている，と思われる。

本章では，まず次節において，以上のように位置付けられるリットの教育学の学問的本質を明らかにする。これが教育学の方法論の前提を成す。次に第3節では，教育学の方法を『指導か放任か』から読み取る。これは，1921年の論文「教育学」や「教育学的思惟の方法論」（後に，最後の部分が省略されて，「教育学的思惟の本質」と改題された）で採られている教育学的な方法が『個人と社会』第三版（*Individuum und Gemeinschaft*, 1919. 3. Aufl., 1926）において哲学の方法として基礎付けられたものである。そこで，ここでの説明をその補足として取り上げる。そして第4節では，その方法の教育学の方法としての妥当性を扱う。これは，彼の教育学と実証主義的教育学，および規範的教育学との比較を通して行なう。そして最後に第5節で，彼の方法，とくに弁証法的な方法のうちに，自らの教育学をも乗り越えていく可能性と，その後の教育学に与えたと考えることができる影響を探りたいと思う。

2．方法論の前提

　一般に，ある学問が学問的妥当性を得るには，その方法の確定が必須である。ところが，教育学にあっては，この確定が容易ではなかった。社会学や心理学のような，教育学と歴史のそれほど変わらない学問に比べても，それは否定できなかった。

　これに関してリットは，この原因が教育学の学問としての本質自体のうちにあるのではないか，と考えた。そして，教育学の方法の確定はその本質を踏まえてなされなければならない，と考えたのである。(P. 276f., WD. 83)

　ところで，教育学の科学的な可能性が問題になるとき，それを否定する事実として，つねにまっさきに挙げられる契機がある。それは非合理的な契機と歴史的な契機である。前者は，教育者による被教育者の存在把握の際の直観的な性格や，教育的な作用における人格的な要因といったことである。後者は，教育学的な思想形成にとっても制約になることであるが，個人的な生や文化的な状況の予測できない一回性や偶然性といったことである。(P. 276f., 286, WD. 84f.)

　しかし，リットによれば，これらの諸契機は教育学に欠くことができない。教育学はそれらを欠いて，合理的なことや無時間的なことだけの積み重ねで，教育現実の全体を構成することはできない。それは，それらを契機として含む現実の全体構造を対象としなければならないのである。(WD. 84f.)

　そして，このことに関連して，他の，教育学の学的独自性が明らかになる。たしかに，教育学はそのような現実の全体構造を対象とする。し

かし，教育学がそうするのは，それをただ「あるがままに理解し，解釈するために」ではない。むしろ，そのように理解され，解釈されたことのなかから，教育の実践に役立つことを取り出すためにである。(WD. 85f.)

> それ（教育学）は行為の理論であろうと欲し，またそうあるべきである。(WD. 86)

だが，それだけではない。教育学においては，逆に実践の方もまたその理論を，不可欠の契機として必要としているのである。

> 認識は，教育者にとって，理論なしに……遂行される行為の後からの解明ではなく，むしろ，彼の活動そのものの不可欠の契機である。(WD. 88)

しかし，実践のための理論を与えるといっても，教育学は，基礎科学－応用科学－実践といった関係のなかに位置付けられる応用科学ではない。

この関係では，まず基礎科学が対象の認識内容から純粋な理論を形作る。これは実践とはまったく関係なく行なわれる。次いで，応用科学がその理論から，実践に役立つ行為の規則だけを選び出す。そして，それが分離されたままの基礎科学と実践を媒介するのである。

ところが，教育学を応用科学として，その関係のなかに位置付けて考えてみると，ここで要請される教育学的な基礎科学は，すでに行なわれている実践の事実を，その本質的な要素として対象としなければならない。それゆえに，応用科学としての教育学が実践の理論に移すことができるような，しかも実践の事実とまったく関係なく構成されうるような，教育学の純理論的な基礎科学は考えられない，ということになる。(P. 277f., WD. 101f.)

こうして，教育学は，その理論と実践が循環しているがゆえに，応用

科学として位置付けられえない，ということが明らかになる。そして，それはその循環的な結合関係のうえに基礎付けられなければならないがゆえに，つねに未完結の途上にあり，その静止や完成はその硬化を意味することになる。(P. 309f.)

　また，教育学の独自性として，目的設定とその実現における特殊性を指摘することができる。上述の基礎科学－応用科学－実践の関係においては，目的を設定する現実とそれを実現する現実とは，まったく分離していた。目的を設定し，その実現のために実践に役立つ応用科学を打ち立てるのは，それをなす人間の内的な現実であるが，その実現は，基礎科学の対象と同一の外的な現実においてなされる。

　それに対して，教育学においては，実践を導く目的設定とその実現は，同じ現実において，すなわち，その対象自体のうちでなされなければならないのである。(P. 279f., WD. 91ff.)

　そして，その際目的設定には，対象の内的傾向や内的形成力といった事実の確認が欠かせないのである（WD. 93f.）。

　　目的設定活動と確認活動は，内的に結合されなければならない……。(WD. 94)

　また，目的設定とその実現に関して言えば，当然のこととして，具体的な内実や存在の把握を欠いて，理想像や当為を決めることはできないし，その実現も望めない。

　　当為の像は，存在の像へ遡って関係付けられることなしには……不可能であり，また考えられない。(P. 281)

　このように，教育学においては目的設定や当為規定は，事実確認や存在把握から独立してはいない。しかし，その指摘だけでは不十分である。リットによれば，存在把握もまた当為規定から独立してはいない，というのである。

存在の像は，当為の像への方向付けなしには……不可能であり，また考えられない。(P. 281)

教育学の対象は，その当為への見通しにおいてはじめて把握されうるのである（WD. 94）。なぜならば，教育学の対象はその存在からして「目的論的な性格」を有しているからである。それは，心理学によって確定されうるような諸性質の連合ではなく，それ自体存在するものから存在すべきものへと不断に運動するものである。(P. 281)

> まさに生そのものが存在するものから生成すべきものへの絶えざる移行にほかならないがゆえに，存在把握と当為規定は，分離しがたく結び付けられている……。(P. 291, vgl. WD. 95, 102, 105ff.)

したがって，教育学は，目的設定と事実確認，当為規定と存在把握といった独特な相互関係のうえに基礎を置かなければならない，ということになる。

そしてさらに，このことに関してもまた，教育学の別の学的本質が明らかになる。それは，教育目的の具体的な内実のほとんどが教育学の領域のものではない，ということである。言うまでもなく，それは政治や経済や宗教や科学や芸術といった領域の内実である。それゆえ，教育学はそれらの領域に対して無関心ではいられない，ということになる。もちろん，それが要請されるのは，教育学がそれらの領域に干渉するためにではないし，またそれらに仕えるためにでもない。そうではなく，教育学が内容上の空虚化を回避して，真の人間形成の学になるためにである。(MGP. 5)

ということは，教育学は，そのような他の領域の自律的な原理や要求と，自らの原理や要求を対決させることによって，その境界を確定するほかはない，ということである。(MGP. 12, 43f.) したがって，教育学はそれらの領域に対して，領域上「相対的な自律 (relative Autonomie)」

を確保するに留まる，ということになる。

　最後に，以上の教育学の学的本質とも錯綜しつつ，しかも方法の確定に直接関わってくる本質を示すことにする。それは，教育学が教育現実の契機として踏まえなければならない関係としてすでに指摘した，合理－非合理，歴史的－無時間的，存在－当為といった相関関係の関連の仕方である。もちろん，教育学が踏まえなければならない関係は，それらに尽きるものではない。他にも，個人と社会，体験と表現，表現と理解などといった相関が考えられる。しかし，いずれにせよ，これらの関連の仕方は，一方が他方に還元されるのでもなく，他方によって基礎付けられるのでもなく，あるいは他方から導出されるのでもない。それらは同根源的であり，互いに同じ重みをもつ。(P. 284ff.) しかも，それらは，教育現実の全体構造においては本来分離されえない統一を成しているのである（P. 286, WD. 104, 107f., 109）。

　しかし，その包括的な把握を一挙に手に入れることはできない。そこで，本来的な関係に反して分離される諸契機の把握を，後から相互に補正して調整することによって，結合し，その統一の回復を試みなければならない，ということになる。(P. 286)

　　ひとがはじめ真実の関係に反して引き裂いたものを，後から一つにする……。(WD. 109)

　以上が教育学の学的本質として把握されることである。教育学の方法の確定は，それらのことを前提としなければならない。

3．教育学の方法

　前節で依拠した文献からすでに明らかなように，リットは，教育学の

方法の前提であるその学的本質に関しては,「教育学」,「教育学的思惟の本質」,『教育学の可能性と限界』(2)において明示している。これに反して,彼は,当然それを踏まえて採られたと思われる教育学の方法に関しては,直接的な形では述べていない。

だが,これには理由がある。それは,教育学の方法が哲学の方法と一致するということ,しかもこの哲学の方法が,1923年に出版された『認識と生』(Erkenntnis und Leben)の成果を踏まえて,1926年に改訂された『個人と社会』第三版において,明確な形で示されているということに拠る。〔ちなみに,『個人と社会』の初版(1919年)からこの第三版に至るまでの方法論的な推移に関する研究には,とくにロルフ・ベルンハルト・フシュケ-ライン(Rolf Bernhard Huschke-Rhein)の『精神科学的な教育学における学の理解』(Das Wissenschaftsverständnis in der geisteswissenschaftlichen Pädagogik, 1979. S. 252-264)がある。〕

したがって,ここでは,まず『指導か放任か』から,この教育学上の根本問題の考察に用いられた教育学の方法を読み取ることにする。そして,それを『個人と社会』第三版の「方法論的序論」(Methodische Einleitung)によって補足することにする。

さて,リットをして『指導か放任か』を書かしめた直接のきっかけは,当時ヴァイマールで開かれた学会でのこの一対の概念をめぐる混乱であった。(FW. 11) 彼は,この混乱の原因がその背景を欠いた概念の使用にある,と考えた。というのは,精神が自らに対立する自然という現実ではなく,自らに固有の精神的現実を捉えようとして用いる概念は,その意味をその現実の全体構造に負うているからである。

> 生ける精神の現実を把握するように決められている諸概念には,多義性の性格があり,……しかも偶然的な規定としてではなく,構造上の根本特性としてそうである……。(FW. 12)

したがって，そのような概念の意味を確定するためには，それに意味を与えている現実の全体構造の解明が欠かせない，ということになる。このことを，リットは次のように述べている。

　　ここにおいて各々の概念は，……すでに認識されるべき全体の複雑に分節化された構造を顧慮して設定されていなければならない。すなわち，ここにおいて各々の概念には，……限られた数の固定的な規定からではなく，それを担う思考構造が全体的なものとして含むあらゆるものの全体から，その内実が生じる。それゆえ，この問題連関において現われる何かある概念の意味を，いわば一目で見渡すことができる定義によって一義的に固定することは不可能である。それを照らし，それによって照らされる一つ一つすべてのうちに，それが組み入れられるところの認識内実の全体が現在していなければならない。(FW. 14)

　そして，指導と放任という一対の概念もまた，そのような概念に属するがゆえに，それらの確定には，それらに意味を与えている教育現実の全体構造の解明が不可欠である，ということになる。

　　それら（指導と放任という表現）がそれらの場所をもつ全体直観の連関のなかへ，ひとがそれらを入れるとき，はじめてそれらの概念的な内実が明らかになる……。(FW. 15)

　以上のことのうちに，ディルタイから受け継いだリットの構造理論を見ることができる。

　それでは，この全体構造の解明はどのようにしてなされるのであろうか。リットは，きわめて自明な諸々の事実の一つから出発する。その諸々の事実は「つねにそうであったように今日でも，まがりなりにも『陶冶理想』として性格付けられうる何かあるものを背景に付加して考えることなどまったく無用であるような無数の場所や行為において，教

育がなされているという諸事実」(FW. 48) である。具体的には次のようなことである。

> 子供は，その感覚器官や手足を使うことを学び，その遠近の環境のなかで自らを定位することを学び，そのなかで動くことを学び，そしてそのなかの諸対象を目的に合わせて使用することを学ぶのだが，その際成人した人々の優っている力や洞察が子供に提供するいろいろな助言や援助は，それらの意味や権利を教育学的な理想から何らかの仕方で導出することを必要としない。子供は，母国語を自分のものにし，家族や近隣や郷里の生活習慣に適応し，その周囲の風習や習俗，道徳や信仰と融合する。しかし，その際このあらゆることを若い心に次第に近付けるその人々は，若い心がそのような影響のもとで形作られるところの生ける形態で，頭を悩ますことはない。(FW. 48f.)

これらの諸事実のなかから，リットは「私の子供が私の時代の言葉を覚える」(FW. 50) という事実を，それらの「範例 (Paradigma)」(FW. 70) として選ぶ。そして，この範例に即して，その教育現実全体の構造分析が行なわれる。その結果，その時代に制約された言葉のなかに存在していながら，それにもかかわらず時代を越えている「言語の本質」が明らかになる。これは，「数千年を越えて広がり，数千年の収穫を自らのうちに集積し，そうして瞬間を乗り越える生成統一体としての母国語」と「精神の各々の特殊形態に対して区別なく基礎となり，そうしてますます時と所に左右されることのない生成原理としての言語一般」という二重の意味での本質である。(FW. 50) このように，彼は自明な事実のうちに「本質」を見る。

> 具体的な状況そのもののなかに理想的な意味内実を見付け出す……。(FW. 77f.)

こうしてリットは，教育者と被教育者，現在・過去と未来，権利と義務といった自明な諸契機の他に，具体・特殊と一般，心と客観的精神（理念）といった教育現実を構成している諸契機を明らかにする。これらの諸契機は，そのように対を成し，それぞれの対は，止揚されえない拮抗した状態に保たれ，しかも他の対と絡み合うことによって，教育現実の全体を構成している。
　そして，指導と放任という概念もまた，「教育的な行為の本質」の「比喩」としてではある（FW. 81）が，そのような一対の契機を成す。したがって，この対もまた止揚されてはならない，ということになる。

　　それ（その一方の契機）は，自らを絶対的なもの，すなわち教育の（行為の）全体と同一視することによって，その意味を実は破棄することになる。（FW. 81）

　それらは，対立する契機によってつねに限定され，均衡を保たれなければならないのである。こうして，ここから導き出された結論は次の通りである。

　　責任を意識した指導において，自己の根源から成長しつつある生に帰属する権利を決して忘れず――畏敬の念に満ちた辛抱強い放任において，教育者の行為の意味が基づいている義務を決して忘れないということ……。（FW. 81f.）

　以上のことのうちに，リットの教育学の方法として，構造理論に基礎を与える現象学的な方法と，対立の止揚されるヘーゲルの弁証法とは異なるが，弁証法的な方法を見て取ることができる。
　このことをより明確にするために，次に『個人と社会』第三版の「方法論的序論」に依拠して，その方法の説明を補うことにする。
　そこにおいて彼は，現象学的な方法について次のように述べている。

　　個別的で特殊なことにおいて，多くの現象を見渡す必要もなく，本

質が，より厳密に言えば，ある部類の全体験内容の本質的な構造が明らかになる。(IG. 5f.)

　それは特殊なことそのものにおいて，一般的なことを，つまり「理念（Idee）」をつかむ……。(IG. 6)(3)

　これは，フッサールによって「理念化的な抽象（die ideierende Abstraktion）」と名付けられ，フォルケルト（Johannes Volkelt）によって「単数に基礎付けられた本質分析」と呼ばれた方法 (IG. 6)(4)である。

　そして，この方法が可能である根拠は，「本質が個別的な事例の一つ一つすべてにおいて自らを具体化している」(IG. 6) ということにある。現象学的な方法は，精神的な世界の個別特殊な体験内容に即して，その一般的な本質構造を明らかにする。

　ところが，この構造の全体は同質ではない。そこでは，異質なものが相互に対立しつつ交差している。それゆえ，その全体の統一性の回復のためには，形相的記述の方法として「弁証法的な思惟」が必要になる。(IG. 18)(5)これは，構造論的な究明のために分離され，概念によって固定された諸契機を相対化することによって，全体の統一を回復しようとするものである。(IG. 18) これは直線的にではなく，円環的に行なわれる。こうして，その諸契機は「相互性と相対性の交点によって結び付けられ」(IG. 22)，その全体構造は「分裂した統一」(IG. 23) として再構成されることになる。この弁証法的な構成は，諸契機が「精神的な体験の直接性において一つであるように，それらを一つにする」(IG. 30)。それは「分離すると同時に結合する理論」(IG. 31) である。それゆえ，それは「二勢力対立の編細工，諸対極性の体系」(IG. 22) と呼ばれる。

　そしてさらに，リットは，この思惟が精神的な生の「生成の謎」(IG. 22) の解明を可能にするということ，しかも，この思惟に刻印される

「対極性」の構造が精神的な現実の構造に相応するということを，この方法の正当性の根拠として挙げている。(IG. 20ff.) また，そのこととともに正当性の根拠として挙げていることは，その構成が「『内界』と『外界』の対立」，「身体と心の対立」といった精神的現実の「根源的対立」にも対応するということである (IG. 23)。

このように，リットの哲学の方法は「現象学から弁証法へと至る方法」として特徴付けられる。

ところで，この方法は1930年代以降，どちらかというと，弁証法に力点が置かれるようになった。この変化に関して，彼は『人間と世界』(*Mensch und Welt*, 1948. 2. Aufl., 1961) の註で次のように述べている。『個人と社会』第三版で「現象学的な思惟と弁証法的な思惟を統合しようとした」が，それ以後の研究で「弁証法的な思惟に有利な決定が問題自体によって要求されているという，私の確信を強めてきている」(MW. 298) と。

しかし，これは，現象学的な方法の全面的な否定を意味しているわけではない。というのは，1930年代以降も[6]，「帰納法」や「因果的な説明」に代表される「他者認識」としての「自然科学的な方法」に対して，「自己認識」としての「精神科学的な方法」を問題にする際，その根底にはつねに「理念化的な抽象」としての「現象学的な方法」があった，と考えることができるからである。(MW. 21, SM. 5 f., 11f.)

このことに関して，ルドルフ・ラサーンは，彼のリット研究書『テオドール・リットの教育学の自己理解』(*Das Selbstverständnis der Pädagogik Theodor Litts*, 1968) のなかで，そこで否定的に位置付けられているのは，ニコライ・ハルトマン（Nicolai Hartmann）とマルチン・ハイデガー（Martin Heidegger）の現象学的な方法である，ということを指摘している。(S. 38) ラサーンは，リットがそれらの現象学を批判して

いる『人間と世界』(*Mensch und Welt*, 1948. 2. Aufl., 1961) の註18の，それらの現象学において「認識する思惟の作用は，存在者を，それが『即自的に』あるように，単に『把握する』ことのうちに，その本質があるのであって，それゆえ思惟する精神の形成的な能動性については何も知ろうとしない」(MW. 301) という箇所を引用して，次のようにリットの現象学的な方法を特徴付けている。

> リットにとっては，思惟的に把握することは，つねに同時に改造することであり，現象学的な本質分析は，同時に自己理解であるとともに，本質形成であり，その際，アクセントはまったく能動主義的な形成にある。(R. Lassahn, ibid.)

したがって，1920年代の「現象学から弁証法へと至る方法」と1930年代以降の弁証法への重心の移動の間には，いかなる断絶もない，と思われる。もしそこに何かあるとすれば，それは，ハルトマンやハイデガーの意味での現象学に対する拒絶の表明である。

以上が，教育学の方法に関する説明の補足としてのリットの哲学の方法である。

ところで，ここに一つの疑問が生じる。それは，なぜ教育学の方法が哲学の方法と同じであるのか，ということである。これに対しては，彼にとっては，教育学上の問題も，その範囲はなるほど限定されるにしろ，精神的な現実の問題であることに変わりはなかったからである，と答えることができよう。

> 教育学もまた，現実の一定の範囲に見出される諸々の事実を対象とし，まさに教育の総体を成す諸々の過程や作用の現実を対象とする……。(WD. 85)

> 教育学と哲学は，……現実的なことの，しかもとくに精神的な現存の全体を思考と形成活動の力でもってどうにかして包囲しようと努

めているということを共有している……。(PG. 10)

4．教育学の方法論

　教育学と哲学の方法が同一であるということから，改めて現象学から弁証法へと至るその方法の，教育学の方法としての妥当性が問題になるであろう。たしかに，この方法は，第2節で明らかにした諸前提を満たしている。すなわち，それは，教育学が対象としなければならない教育現実の全体構造の分析解明を可能にする。それは，理論と実践の循環的な結合関係や，当為規定と存在把握の相互関係の統一的把握を可能にする。

　しかし，その妥当性をさらに，同時代の実証主義的教育学や規範的教育学に対する，リットの教育学の優位性の解明を通して，確認したいと思う[7]。

　実証主義的な教育学は，観察，仮説設定，テスト，実験といった自然科学的な方法を採る。この方法の特徴は，帰納法による仮説設定とその実験的検証にある。その意味で，この方法は一括して，「帰納法的な方法」と呼ばれることもある。簡略化して言えば，この教育学は，まずこの帰納法によって諸々の事実の間に「原因－結果」関係を確定する。次にこの関係を「目的－手段」関係に置き換える。そして，そこから教育の目的と手段を設定する。この際，その教育学は，現実の全体がそのような因果的な諸連関によって説明され尽くす，あるいは少なくとも可能性としてはそうである，という確信を暗黙の前提にしている。しかも，それは，このことに基づいて哲学に，とりわけ形而上学に別れを告げることができた，と考えている。

ところが，リットによれば，それもまた，別れたはずの形而上学的な仮説のうえに基礎を置いている，というのである。なぜならば，その確信には決して帰納的な方法では達することができないし，またそれは実験的に検証されえないからである。(PG. 17ff.)

　そしてさらに，教育学は，第2節でその学的本質の一つとして示されたように，合理的な契機だけではなく，非合理的な契機もまた現実の構造のなかに位置付けて，学を展開しなければならない，ということであった。だが，帰納法は，その非合理的な契機を対象とはせず，合理的な因果連関からのみ学の全体を築こうとする。

　こうして，帰納法的な方法とその成果の限界が明らかになる。

　そして，リットによれば（IG. 6），その方法の限界を補うのが実は現象学である，ということなのである。帰納法は，その方法論的な基礎付けを現象学に負うている。というのは，一般に帰納法は，現象学的な方法によって把握される本質を前提としてはじめて可能になるからである。

　また，帰納法によって得られる成果は，現実の全体の一部にはあてはまるが，その全体に妥当性を見出すことはできない。なぜならば，その方法の点からすでに推察されるように，教育学が関わる範囲は，たとえば人格の統一性や目的論的性格のように，原因－結果の時間的生起の法則が妥当する範囲を越えている（PG. 19）からである。

　次に，規範的な教育学であるが，この教育学は，特定の哲学の成果である超時間的な諸理念を教育実践の指導理念にしようとする。だが，このことからしてすでに，それは，理論と実践の循環的な結合関係という教育学の学的本質に反している。なぜならば，言うまでもなく，それは理論から実践へと一方向へのみ進むからである。教育学は，その諸理念が教育の指導理念として実現される，その実践をも対象としなければならない。

そして，リットによれば（IG. 28f.），規範的な学も現象学によって基礎付けられなければならない，というのである。というのは，一般にそれにとっては，価値規範や価値基準の設定，価値評価や価値判断が中心的課題であるが，これらの課題の遂行に際して，規範的な学の射程を越える問題が生じるからである。

　その一つは，価値評価や価値判断の対象に関わる問題である。その評価や判断は個別的で特殊な事態を対象とするが，それらにとっては，とくにその対象の意味内実が重要である。ところが，この意味内実には，当然のこととして，価値的なことだけではなく，反価値的なことも，没価値的なことも区別なく含まれている。しかも，この内実に意味があるということは，そのなかに，その対象が属する現実との関係が含まれているということである。しかし，規範的な学は，この意味内実を捉える方法を自らのうちにもたない。

　もう一つは，その評価や判断の可能性の前提に関する問題である。それらが正しく行なわれるためには，その前提として，それらの対象が属する現実の本質構造に関する知識が不可欠である。そして，この知識に基づいて，その対象の意味が契機としてその全体構造のなかに組み込まれているがままに，把握されるということが必要である。なぜならば，その対象は，それが存在するところの現実の内部でのみ現実性を得るからである。そして，このことは，価値規範や価値基準の設定の場合にも妥当する。ところが，規範的な学は，これらの前提を満たすことができない。

　それに対して，現象学は，対象の意味内実と，その対象の属する現実の全体構造を把握する学である[8]。それゆえに，規範的な学はその基礎を現象学によって与えられなければならない，ということになる。

　そしてさらに，リットの現象学から弁証法へと至る方法は，理念を生

との根本的関係において捉える。ここでは，理念と生は，現実の全体構造を構成する一対の対立する契機として把握される。したがって，規範的な教育学が教育実践の指導理念にしようとした諸理念は，彼の方法によってはじめてその妥当性が吟味されることになるのである。この場合，生から独立に生じた理念は斥けられ，生との根本的な関係において生じた理念だけが承認されることになる。(PG. 42ff., IG. 24-34)

以上のように，リットによれば，彼の教育学は，同時代の実証主義的教育学，および規範的教育学に対して優位の関係にある。とくにその方法の点で，それは，これらの教育学を自らのなかに取り込み，自らにおいて基礎付ける，ということになる。

こうして，この解明に伴って，リットの方法の，教育学の方法としての妥当性が確認されたと思う。

5．おわりに

しかし，ここに一つの疑問が残る。すなわち，それらの教育学は，リットの教育学のなかにすっかり取り込まれてしまうのであろうか。これらの間には，彼の言う意味での弁証法的な対立はないのであろうか。

たしかに，彼の論を追う限りでは存在しない。しかし，彼は，それらの教育学がその後，装いを新たにすることによって，上述の限定を突き破り，彼の教育学に対立してくる可能性までは締め出してしまってはいない，と思われる。また，批判的社会科学的教育学のようにまったく新たな立場の教育学が将来彼の教育学に対立してくる可能性までは締め出してしまってはいない，と思われる。なぜならば，彼の弁証法的な方法は，精神の生成過程にも対応するものであったからである。方法論も含

めた教育学の学理論そのものも，弁証法的な生成を，すなわち諸契機が対立にもかかわらずではなく，対立ゆえにこそ結び付いて，ある全体を形作るという生成を免れないからである。(PG. 5, 9)

このように，彼の弁証法的な方法のうちには，教育学の学理論の全体運動が彼の教育学自体をもこの運動の一契機に，すなわちこの運動を可能にする対立の一方にする可能性が含まれているのである。しかし，自己の有限な立場に制約されている対立の当事者にとっては，その運動の全体は見渡しがたい。それゆえに，一方の側がその運動に結果として参与するためには，他方の側との対立を解消し，それと和解することではなく，その対立を極端なまでに際立たせることが必要なのである。(PG. 7) 逆説的ではあるが，対立を鮮明にすることによってこそ，対立する者との間に対話の可能性が開かれる，ということなのである。

したがって，リットの教育学は，その方法の，とくに弁証法的な方法のうちに，自らの教育学をも乗り越えていく可能性を内蔵させていた，ということになる。彼の教育学がその後の教育学の学理論に与えたもっとも大きな影響の一つを，ここに見ることができる[9]。

註

(1) 「教育学」(Pädagogik. in: *Die Kultur der Gegenwart*, hrsg. von P. Hinneberg, 3. Aufl., 1921.)

「教育学的思惟の本質」(Das Wesen des pädagogischen Denkens, 1921. in: *Führen oder Wachsenlassen*, 1927. 2. Aufl., 1931. ただし，引用の頁数は，*Führen oder Wachsenlassen*, 13. Aufl., 1967. S. 83-109 による。)

『現代哲学とその陶冶理想への影響』(*Die Philosophie der Gegenwart und ihr Einfluß auf das Bildungsideal*, 1925. 2. verb. Aufl., 1927.)

『教育学の可能性と限界』(*Möglichkeiten und Grenzen der Pädagogik*,

1926.)

『指導か放任か』(*Führen oder Wachsenlassen*, 1927. 13. Aufl., 1967.)

(2)　これは論文集である。そのなかの，とくに「教育学の現在的状況とその諸要求」(Die gegenwärtige Lage der Pädagogik und ihre Forderungen) である。

(3)　この「理念」を，リットは，本質構造そのものと，その構造の一契機である理念的な意味内実との二重の意味で使っている，と思われる。

(4)　この方法は，言うまでもなく，フッサールによって基礎付けられた方法である。リットは，影響を受けたフッサールの著作として，とくに『論理学研究』第三版 (*Logische Untersuchungen*, 3. Aufl., 1922)，「厳密な学としての哲学」(Philosophie als strenge Wissenschaft, in: Logos I, 1910)，『イデーンⅠ』(*Ideen zu einer reinen Phänomenologie und phänomenologischen Philosophie I*, 1913) を挙げている。(IG. 5. Anm.)

(5)　この弁証法的な構成は，理念化的な抽象をも，その対象との関係とともに，自らのうちに取り込んでしまう。このことから，上述の註(3)の理念に関する二重の意味が生じる。

(6)　1930年代以降の著作としては，とくに1933年の『哲学入門』，1938年の『人間の自己認識』，1941年の『精神科学的な認識の構造における普遍』，1948年の『思惟と存在』等を挙げることができる。

(7)　これは『現代哲学とその陶冶理想への影響』を中心にして行なう。ちなみに，これと同様のことが，『個人と社会』第三版の「方法論的序論」で哲学の方法の妥当性の解明として展開されている。

(8)　その際，現象学は，その意味内実が含む価値に関する層に干渉しない。その価値の評価や判断は，規範的な学に留保されている。また，現象学の成果から直接，価値の規範や基準が導出されることもない。

(9)　この影響は，ボルノーやクラフキーに見られる。ボルノーは，精神科学的解釈学的教育学と，他の立場の教育学，たとえば実験的教育学との間の対話によって，教育学の活性化を図ろうとする立場を取る〔Der Wissenschaftscharakter der Pädagogik. in: *Erziehung in anthropologischer Sicht*, 1969〔西村皓訳「教育学の科学的性格」(『教育学全集2　教育の

思想』(小学館))〕]。また，クラフキーの，精神科学的教育学，経験科学的教育学，社会批判的教育学の間の相互補完論，統合論の考え方に見られる〔*Aspekte kritisch-konstruktiver Erziehungswissenschaft*, 1976〔小笠原道雄訳『批判的・構成的教育科学』(黎明書房)〕]。ちなみに，クラフキーは，『テオドール・リットの教育学』の最後で (S. 417)，そのことに言及している。そこでさらにクラフキーは，その影響がヨーゼフ・デルボラフの「実践学的な教育学 (praxeologische Pädagogik)」にも見られる，ということを指摘している。

Ⅲ　人間観と教育　(1)

1. はじめに

　この章では，『歴史と生』（*Geschichite und Leben*, 1918）とともにリットの初期の頃の主著と目されている，大著『個人と社会』（*Individuum und Gemeinschaft*, 1919. 3. Aufl., 1926）に依拠して，彼の人間観とそこに見られる弁証法を明らかにしたいと思う。

　ところで，この『個人と社会』は，初版（1919年）の副題「社会理論と倫理学の根本問題」と第二版（1924年）以降の副題「文化哲学の基礎付け」が端的に示しているように，方法論を含む社会哲学と文化哲学を中心的に扱っている。このどちらかというと哲学的な著作で展開された，対話的，弁証法的な「我－汝－関係」を中心とする人間観が，教育的関係にとって，そして人間形成という広い意味での教育にとって重要な意味をもつ。クラフキーは『テオドール・リットの教育学』のなかで，その関係がマルチン・ブーバーの「対話的な原理」と一致することを指摘したうえで，次のように述べている。

　　リットは，一般的－哲学的な観点から，人間的な現存や個人的な発展の根本条件としての我－汝－関係の根本的意義を『個人と社会』の第三版（1926年）において詳細な構造分析で明らかにしている。
　　（W. Klafki, *Die Pädagogik Theodor Litts*, 1982. S. 47）

　このように，『個人と社会』第三版（1926年）は，初期の頃の「教育学的思惟の方法論」（1921年）（後に「教育学的思惟の本質」と改題）や第二次世界大戦後の「教員養成のための理論の意義」（1946年）をはじめとする，教育学的な論文や著作との関係において，そしてそれらにとって重要な意味をもつ著作である。

III 人間観と教育 (1)

　さて，リットは，『個人と社会』(第三版)において生の根源的な関係として我汝関係を明らかにしている。この彼の我汝思想は，近世的な思想傾向の克服として，しかも実存思想と結び付いた形での我汝思想の先駆として位置付けられることがある。ブーバーやカール・レヴィットも指摘している(Martin Buber, *Die Schriften über das dialogische Prinzip*, 1954. Nachwort. S. 292, 297f., Karl Löwith, *Das Individuum in der Rolle des Mitmensch*, 1928. S. 133) ように，リットの我汝思想は，神である汝との関係が人間である汝との関係に対して優位を占めるということを，神学的に導き出そうとするものでもなく，また，人間的な我汝関係を神と人間との関係に結び付けようとするものでもない。それは，同じ重みをもつ我と汝の関係を，もっぱら人間学的に，現象学から弁証法へと至る方法によって明らかにしようとするものである。

　そこでは，主として認識論の立場から，我汝関係が問題にされている。とはいえ，このように問題にされる根底には，「自我 (das Ich)」の主要な概念内容として，自然に対する意識一般としての主観をしか認めてこなかった近世的な思惟傾向に対する克服志向があった，と考えることができる。すなわち，我ははじめ孤立して自体的にあり，それから後に彼岸的な汝と関係するのではなくて，我ははじめから汝との関係のうちにある，ということを主張するものである。そして，この点で彼の我汝思想は実存の立場のそれに先駆するものであった，と言われている。

　このように位置付けられるリットの我汝思想を導きの糸として，彼の人間観に見られる弁証法を明らかにしたいと思う。具体的には，以下第2節から第4節までにおいて，彼の方法を手掛かりに，認識主観としての自我概念内容に対して「体験する自我 (das erlebende Ich)」の構造を明らかにする。次に第5節では，「表現 (Ausdruck)」[1]と「理解 (Verständigung)」における我と汝の「相互依存性（Reziprozität）」が「表出運動（Ausdrucksbewegung）」における心身の相互依存性に基づいて導出されるということを，しかもそれが「対話的（dialogisch）」であるということを示す。そして第6節では，その相互関係と，それに基礎付けられた自我の「本質形成（Wesensgestaltung）」との関係を示し，この本質形成の構造を解明する。

2．自我と身体

　リットが現象学から弁証法へと至る方法に拠った理由の根底には，近世的な思惟傾向に対する克服志向があった，と言える。
　ところで，近世的な思惟傾向は「主観－客観－関係（Subjekt-Objekt-Relation）」に基づいて対象を「客観化する思惟（das objektivierende Denken）」（IG. 71）に典型的に見られる。この思惟は，空間的で実体的ではない対象をも空間化し，実体化する傾向をもつ。また，ここにおいて主観は「純粋な認識機能に縮小された『主観』」（IG. 48）である。

　　この主観－自我は，……唯一の規定に，つまり認識する規定に尽きるので，いわば点へと収縮してしまっているように思われる……。（IG. 49）

　そして，この主観は，意識に直接現在しているがゆえに明晰判明であり，したがって改めて問題とされることはない。ここで問題になるのは，客観の実在性とその認識のみということになる。

　　人間が思惟的な態度で，それゆえ何かあるものを認識するか，証明によって確認するか，あるいは反駁する意図で「外部」世界（„Außen"welt）に自らを相対させるとき，……彼は，自らをそれとの主観－

III 人間観と教育 (1)

客観―関係と呼ばれる関係のうちに置く，すなわち彼は，それを対象性（Gegenständlichkeit）として自らから突き放して――思惟する主観の「内面性（Innerlichkeit）」が当然相関概念として属するところの――外部世界という名称によって印象深く定着させられている彼岸のうちに呪縛する。この分離とともに，分離線の此岸にあるものが，つまり「内的なもの」が「直接」意識に現在するものとしてその実在性（Realität）に関して難なく保証されているという表象が，したがって問題としての実在性は単に「彼岸」に関してのみであるという表象が忍び込む。

　すなわち，それでその場合，すでに保証されていると思われている「自我自体」に問題の「物自体」を相対させる外部世界の実在性が問われる。(IG. 66)

さらに，この思惟は客観を「因果関係（Kausalität）の，すなわち原因（Ursache）と結果（Wirkung）の連関」(IG. 54) で捉えようとする。

　因果的な関係は，認識する自我が主観―客観―関係によって結び付けられている対象世界の内部で支配的な原理である。(IG. 55)

そして，この近世的な思惟傾向を現在もっともよく受け継いでいるのが，自然科学的な思惟である。この思惟もまた，対象を原因と結果の関係で捉えようとする。しかも，それは空間的で実体的ではない対象をも空間的に実体化し，そこに因果関係を見出そうとする。

ところが，このような近世的な，そして自然科学的な思惟は，「自我」を分裂した状態に置くことになる。すなわち，自我を，意識に直接現在しているがゆえに明晰判明であって主題化されることのない「主観―自我（Subjekt-Ich）」と，その主観から切り離されてその対象とされ，問題とされる「客観―身体（Objekt-Leib）」とにである。

そして，この「主観－自我」は「『純粋な』精神（Geist），つまり純粋な『内面性』」であり，「客観－身体」は「物体的な（körperlich）形成物，つまり『外的なもの』として明らかに精神ではない、つまり非－精神（Nicht-Geist）であり，それだからこそまた非－自我である」（IG. 52）。

　ここで，身体は「主観－自我」の対象となる空間内の他の諸物体とともに「外部世界」のなかに位置付けられ，因果的関係で把握されることになる。それに対して，「主観－自我」は認識機能に縮小されているとはいえ，人間存在のもっとも重要な機能を果たすものとして位置付けられている。これは，デカルト（René Descartes）に典型的に見られる，人間存在を精神と身体に分け，精神に重きを置く心身二元論の考え方である。

　そしてさらに，近世的な，そして自然科学的な思惟は，そのように異質なものとして分離された自我と身体を二次的に結び付けて説明しようとする。すなわち，「主観－自我」は「非－物体的なもの」として性格付けられているにもかかわらず，空間的に実体化され，その身体とともに「擬似－空間（Pseudo-Raum）」の内部に位置付けられ（IG. 56），そうして実体化された「主観－自我」と「客観－身体」の間の作用が，その思惟によって空間内の諸物体間の関係と同様に，原因と結果の連関で把握され，説明されることになる。

　　思惟は，身体と自我の実在的連関を因果的な性質の連関として，す
　　なわち分離された担い手の間で起こる諸作用の往復として把握する
　　……。（IG. 55）

　だが，このように「身体がその相対分肢（Gegenglied）としての自我に外面的に相対しているとしたら，身体は，たとえそれが何であろうとも，いずれにせよ何かある意味において『自我』に属さないというこ

と」(IG. 56) になってしまう。

これは奇妙なことである。

　私の「自我」は「私の」身体に生じることを単に傍観者的に知るのではなく，むしろ自らへの，すなわち自己自身の状態への「諸作用」として感知する……。

　　ここでいわゆる「諸作用」を経験するその自我は，その諸作用を送り出す身体以下ではなく，認識論的な自我，すなわちこの作用連関に向かう諸思惟行為の主観が相対分肢として並立させられるべき諸客観の側に属している。(IG. 53)

したがって，次のように考えることの方が自然であろう。すなわち「私の身体は私にとって，私がその知識を獲得し，その諸固有性を思惟的な処理において確認するところの目の前に見出された『私に』偶然にとくに近い客観ではなく——むしろ私の身体事象（Leibgeschehen）は私自身の全体験のうちに連帯的に埋め込まれている」(IG. 57) というようにである。

　私の身体は，私にとって「自我」という意味である体験の全体性（Erlebenstotalität）のなかに包含されている……。(IG. 59)

そこで，リットはその自我と「身体（Leib）」の関係，つまり「自我－身体（Ich-Leib）」の本質構造を「意識の現象学（Phänomenologie des Bewußtseins）」(IG. 48) による「本質分析（Wesensanalyse）」(IG. 49) によって解明しようとしている。これは「自我がその身体を直接的に覚知する（inne werden）ところの体験（Erleben）の構造的な分析」(IG. 57) である。

3．身体と空間

　リットは「自我－身体」の本質構造が「分離性」と「結合性」を同時に有する「弁証法的な結合（die dialektische Verbundenheit）」の構造であるということを明らかにする。この「分離性」とは身体と自我の異質性であり，「結合性」とは身体が体験されるものとして自我の体験内容の「統一性（Einheit）」のうちに受け入れられているということを意味する。だが，この「統一性」は異質なものが区別なく相互のなかへ流れ込むような合一ではない。そして，その「分離性」は，体験される身体と，自然科学的な思惟の対象となる身体，すなわち対象世界の因果的な構造のなかに空間的存在者として組み入れられうる身体との分離性をも意味している。

　　一つにすることは，弁証法的な途上で引き起こされ，それゆえ回復された全体の内部で特殊なものを「契機」として守るそのようなものでなければならない……。(IG. 59)

　そして，その「対極的な（poral）構造」について，リットは次のように述べている。

　　私が私をそれとして体験するところの全体性は，……私が「私の身体を」私と一致しているとはいえ，また他方では私から区別される何かあるものとして考え，見做す場合つねに……対極的な構造を見せる。身体が自らを体験する自我の構造の内部の契機としてその特殊性を確保する場合にのみ，同じ自我は認識者として，その身体を，自らから引き離し，体験内容連合からいわば切り離して，空間世界の構造のなかに入れることにまったく苦労しない。(IG. 59f.)

III 人間観と教育 (1)

　このように，彼の現象学から弁証法へと至る思惟は，自然科学的な思惟と単に対立し，それを排除するのではなく，それを自らの思惟のうちに取り込み，その特殊な契機として位置付けている。

　そしてさらに，このような対極的な構造は，空間的形成物としての身体の「境界（Grenze）」と，身体を体験内容の契機としてもつ全体的な自我の境界との関係にも見られる。

　身体が諸物体のなかの物体として空間的な形成物である限りでは，その境界は，身体の輪郭，すなわち「この物体的な全体の各方面に閉じた空間境界」（IG. 61）と一致する。ここでは，境界の彼岸にあるものが「非－自我」ということになり，この境界面で「自我－身体」は「非－自我」と出会うことになる。

　それに対して，身体が単なる空間形成物として考えられず，自我体験内容の契機として考えられる場合，境界の意味も相対化されることになる。というのは，自我はこの空間境界の彼岸にあるものを，それにもかかわらず同時に自我の身体をも含む空間のうちにあるものとして体験するからである。もちろん，このことは空間境界の否定や抹消を意味するものではない。それはあくまでその絶対化の否定の意味である。

　　私が体験において覚知することになる境界は，私にとってもはや絶対的な意味をもたない。というのは，私がそれをそのようなものとして覚知するようになることによって，私は実際すでに此岸も彼岸も同時に含んで，それを越えて浮かんでいるということになるからである。（IG. 63）

　しかも，この境界の相対化は，体験される身体が同じ空間世界のうちにある諸物と切り離しがたく結び付けられているという事実を明らかにする。

　たしかに，私の身体的－心的な全体が，そのうちで私が「私を動か

す」ところの環境世界（Umwelt）から区別されているということは，つねにきわめて明瞭に私に現在している。しかし，私の身体は，あらゆるその行為や状態においてその他の内容とあまりに緊密に結び付いているので，……それに「相対して」いる自我に「同化さ」れえないであろう媒体のうちに入れられているということも，同時に私に現在している。(IG. 65)

　この体験される身体が自我と世界の徹底的な分離を締め出しているということを示す事実として，彼は体験における「空間的な現実の『遠近法的な（perspektivisch）』現示」(IG. 68) を挙げている。すなわち，われわれが体験する空間的な現実は，「遠近法的な分節（Gliederung）」(IG. 68) を成して，つまり空間的なまとまりを成して，われわれに与えられている。ちなみに，この分節の仕方，まとまり方の法則を明らかにしたのは，ゲシュタルト心理学である。

　　それ（遠近法的な秩序）は，私の身体の可視的な諸部分を含めた空間内容の距離を告げる限りでは，空間的な分離存在の「相対（Gegenüber）」を私に明らかにする——しかし，それはこのあらゆるものを視野の中心としての私に向かって整える限りでは，相対をまさに「私に」明らかにする。すなわち，それゆえ空間的な位置はなるほど抹消されないが，しかし空間以上である，つまり体験内容であるところの全体において「止揚さ」れている。この全体の結合分肢（Bindeglied）を私の身体が形作るが，それは，私が私の身体の輪郭を，一方では私から離れて空間のうちに喪失するのを，それにもかかわらずまた他方では私目掛けて殺到するのを見るかのように，分離性と統一性を印象深い現出で象徴する。(IG. 68)

　このように，「自我−身体」と空間世界もまた，身体を「結合分肢」として，分離性と結合性を意味する弁証法的な関係にある。そして，そ

れらの分離を締め出す「諸交差」が空間的な現実の遠近法として示されている。

4．身体と時間

そして，リットは「自我－身体」と時間の関係もまた弁証法的な関係にあると考えている。

ところで，時間に関して，空間的に客観化する思惟は，点的な瞬間が直線的な連続をつくる時間，つまり「直線的な継起（lineare Sukzession）」(IG. 83) としての時間を考えている。諸事象はこの直線的な時間のうえに位置付けられることになる。

それに対して，体験内容の構造における時間は，そのような諸瞬間を特殊な契機として含みつつも，それらを越えて広がっている時間である。この広がりは，限りなく瞬間に近い場合もあれば，その体験者の一生に及ぶ場合もある。この時間は，直線的な時間に対して，曲線的な時間であると言われる。

> なるほど……たった今 (Soeben)，今 (Jetzt)，すぐに (Sogleich) の区別が欠けているわけではないが——しかし，たった今とすぐには，体験内容全体そのものの振動 (Schwung) のなかで私に現在的 (gegenwärtig) である。私の今の体験は沈み去ってしまった瞬間と目前に差し迫っている瞬間との間に挟み込まれているのではなく，むしろここで区別された諸瞬間を貫いて閉じた運動で振動する曲線 (Kurve) である。分離し合う諸相 (Phasen) のいわゆる継起は各々の体験内容のうちで「止揚さ」れている。(IG. 80)

そして，この「体験時間 (Erlebniszeit)」は，「比喩的な意味での遠

近法」(IG. 85) を形作る。すなわち，それは遠近法的に「まとまりをつくる時間（gestaltete Zeit）」(IG. 83) である。

そしてさらに，この空間的・時間的な遠近法は，体験する自我そのものの現われであると，彼は考えている。

> 遠近法的な場（Feld）は，およそ単に自我の考えられうる運動のための地であるのではなく——つまるところは・こ・の・運・動・自・体・と・同・一・で・あ・る，より厳密に言えば，遠近法的な現示のうちにこの運動の方向と経過がともに含まれているようにである。……そこに私がかつていた，ないしはいつかいるであろうではなく——むしろ私がかつて・そ・れ・で・あ・った，ないしはいつか・そ・れ・であろうである。ここには……運動と運動体と運動空間との同一がある。(IG. 84)

したがって，体験する自我は，諸瞬間の体験内容を越えて変わらずに存在する抽象的な自我ではなく，それぞれの体験内容で自らを満たし，そのうちに生き，それによって現実的になる「生ける－具体的な自我 (das lebendig-konkrete Ich)」(IG. 400) である。

> 自我は，……その諸体験内容の変化の・背・後・で変化しないもの，つまり諸体験内容を単に「もつであろう」それ自体で存立しているものではなく，むしろ弁証法的な結合の意味でそれらの一つ一つすべてと・一・つ・で・あ・る。すなわち，それは遠近法の外部にいるのではなく，むしろ遠近法にその本質規定をもつ。(IG. 90)

ところで，ある時点における体験内容の空間的・時間的な遠近法が体験する自我自身の現われであるとして，それと違った時点における空間的・時間的な遠近法とはどのような関係にあるのであろうか。

リットは，これを「・諸・遠・近・法・の・相・互・依・存・性（Reziprozität）」(IG. 85) の関係として説明している。これは，各時点の遠近法の特殊性を排除することなく，統一的な構造においてそれらを相互に結び付ける連関であ

III 人間観と教育 (1)

る。

　　諸遠近法の相互依存性は，なるほどきわめて緊密な結合性を意味す
　　るが，しかし完全な一致を排除するような種類の結合性である
　　……。(IG. 87)

　したがって，各時点の遠近法は，それぞれの特殊性を失うことなく，相互に絡み合って，現時点で体験される遠近法のうちに含まれているのである。「遠近法」を「体験する自我」に置き換えると，各時点の自我の特殊性は，それぞれの特殊性を失うことなく，相互に絡み合って，現時点の体験する自我の特殊性のうちに含まれているのである。

　そして，この相互依存性が体験する自我の同一性を意味している。すなわち，現在体験する自我は，各時点の自我の特殊性を排除することなく，それらを統一的構造の契機として包含しつつ，持続しているのである。したがって，体験する自我の同一性は，変化しないという同一性ではなく，変化しつつ持続する同一性である。

　それゆえ，この同一性は，所与のものではなく，その都度獲得され，維持されなければならないものである。

　さらに言えば，その統一的構造として持続する自我の一般性と各時点の自我の特殊性との関係は，「特殊性は一般的なものからの分離，つまり一般的なものからの切り離しではなく，むしろそれとのもっとも緊密な一致である」(IG. 90) といった関係である。真の特殊性とは，一般性を排除したものではなく，一般的な全体において実現されるものなのである。したがって，各時点の自我の特殊性のうちに，同時に自我の一般性を見ることができる。

　ところで，私の諸遠近法がそうであったように，私の遠近法と汝の遠近法も相互に交差し，相互に依存し合っていると，リットは考えている。より正確に言えば，私の遠近法は，汝の遠近法との相互依存的関係

75

なしには成立しえない，と言うのである。

> 私のなかに生き，汝のなかに生きているのは，同質の遠近法ではなく，つまり比較可能な遠近法ではなく，同じ全体に属している遠近法，つまり相互に規定し合い，相互に交差した遠近法である。(IG. 109)

このことは，私の身体像の形成ということを考えてみると明らかである。言うまでもなく，私にとって，私の身体像は最初から与えられているわけではない。私は私の身体を，他者の身体を見るようには見ることができない。私の遠近法の基点である私の身体は，私にとってはその一部分しか直接には見ることができない。それゆえ，私は，私の身体像を獲得するためには，私の遠近法のうちに位置付けられる汝の身体像という契機と，汝の遠近法のうちに位置付けられていると思われる私の身体像という契機を必要とする。

> 私は，汝がこの特定の成層において私に向かって秩序付けられる空間現実性のなかに組み入れられるのを見るとき，同時に私自身を含んだこの空間現実性が私によって見て取られた，それらとのもっとも厳密な相互関連性の……関係にある，そのような分節や成層において自らを汝に与える。(IG. 110)

この私の遠近法と汝の遠近法の相互依存的な関係において，そしてそれらのうちでの私の身体像と汝の身体像の相互依存的な交差においてはじめて，私の身体像は獲得されるのである。その際，自己の身体の鏡像が大きな役割を果たすと言える。発達の初期の段階において鏡に映った自己の身体を見る私は，あたかも汝の身体を見るかのように見ていたのであり，そしてそれは，あたかも汝が私の身体を見ているかのように見ていたのである。

しかも，この自己と他者の遠近法の相互依存性に関する「知（Wissen)」もまた，自己の遠近法とともに，所与のものとして私に与えられているゝと，リットは考えている。

　私の視野の遠近法的な分節とともに，その相互依存性についての知もまた私に与えられている……。(IG. 110)

ここで，そのように相対化された遠近法的な分節や成層は，知として一般化されることになるが，この場合，この一般性は我と汝の遠近法の特殊性を排除することにはならないのであろうか，という疑問が生じてくる。すなわち，自我の遠近法が自我にとって本質的であり，それどころか自我そのものであったということを思い起こすなら，この自我の特殊性を表わす自我の遠近法と同様に，汝の遠近法も汝の特殊性を表わしているのであるから，それは，この我と汝の特殊性を排除することになるのではないであろうか。

これに関して，それは諸遠近法の内容上の個性を排除するものではないと，「立場の交換不可能性（Unvertauschbarkeit）」(IG. 115) を根拠として，彼は次のように述べている。

　私の過ぎ去った自我や私の将来の自我との相互依存性と同様に，汝との相互依存性は，具体的な体験や具体的な存在の各々の内容同等性を厳しく締め出す。(IG. 112)

というのは，どんなに汝の遠近法によって相対化されようとも，そのように相対化された私の遠近法の基点である私の立場は，汝の立場とは決して取り替ええないからである。その私の立場の基点は私の身体であるがゆえに，交換不可能なのである。

それゆえに，たとえ相対化されるとはいっても，この遠近法は，客観的な思惟の非遠近法とは異なっているのである。

5．表出と身体

　以上の結果，身体は，空間的・時間的に分節化された体験内容の全体のなかに，その諸契機の一つとして組み込まれている，ということが明らかになった。
　リットは，この身体的な契機と他の諸契機，とくに心的な契機との交差をより明確にするために，自我体験内容の一つである「表出運動（Ausdrucksbewegung）」を取り上げている。

　　表出運動は身体的－心的な体験の構造を簡潔に現示する……。(IG. 98)

　ちなみに，彼は「表出運動」を表情や身振りといった動きも内包する概念として捉えている。
　さて，一般に表出運動は心の現われとしての身体的運動と見做されている。すなわち，内的な心的活動が外的な身体的現象となって現われる，と解されている。それゆえ，時間的継起としては心的活動が先で，身体的現象が後ということになる。このことは，自然科学的な因果的説明では，内的で先行の心的活動が原因で，外的で後続の身体的現象が結果であるということになる。

　　私はまず，同時に起こる身体事象がまったく関与していない心的な何かあることを体験する——その場合にのみ，それは実際「内的なもの」である。それに続いて，私は私の身体に関する事象を覚知するが，しかし私が私の身体「内で」生きているか，あるいはそれと一つであるという仕方——この場合，その事象はまさに「外的なもの」ではないであろう——ではなく，むしろちょうどいわば誰かに

III 人間観と教育 (1)

よって遂行され，すでに終わった運動が，どこかあるところでその外部でもたらす結果を彼が見物するかのように，ただ私がそれをその内的な事象の「結果」として知るという仕方でである。(IG. 96f.)

だが，このような客観化する思惟の説明は，以下のような異議に対して持ち堪ええない。すなわち，先行の心的活動の段階に関しては，同時に起こるであろう身体的事象を外的であるとして切り離しうるような，いかなる純粋に内的な体験作用もないのではないか。後続の身体的事象の段階に関しては，空間的な事象を見るように，自らの身体的事象をつねに傍観者として外から見るということはありえないのではないか。

したがって，最初の段階からしてすでに身体的な事象は不可欠の契機として包含されているのではないか。なぜならば，身体がすでに現在的なものとして体験されていなければ，身体的事象への表出欲求は生じないからである。

そして，第二の段階においても身体事象のうちには，最初の段階で生じた表出欲求として自我が切り離しがたく入り込んでいるのではないか。それゆえ，そこでは自我は単なる傍観者ではありえないのではないか。

> 事象の最初の段階は，身体が現在的なものとしてすでに体験されているということからして，衝迫（Drang）が「外部」へと生じ，その後運動において顕在化するがゆえにさえ，欠くことのできない「契機」として，身体的な契機をすでに含んでいる。逆に第二の段階は，自我が単に傍観者として生起するのを見るであろう，純粋に空間的な過程から成り立っているのではなく，むしろそこでは体験された運動のうちで最初に生じた衝動（Impuls）がまったく直接的に，そして間断なく振動し続ける。それも，自我がちょうど「外的な」運動を起こす「内的な」始動と一致していたように，自らを

その運動のなかへ入れ，それと連帯的であるようにである。表出運動の生起と経過は自我によって傍観者の態度で知られるのではなく，むしろはじめの動き（Erregung）の継続として，つまり統一的な体験内容曲線の部分としてきわめて印象的に体験される。(IG. 97)

このように，表出運動において心的な契機と身体的な契機は，切り離しがたく結び付いて，相互依存の関係にある。だが，心的な契機とそのような関係にあるのは，空間世界との境界内に限定された身体だけではない。身体と遠近法的に交差している空間世界もまたそのような関係にある。

私の心的な動きが表出運動において感覚的な（sinnlich）世界に押し寄せるとき——それは，この世界が私の意識にとって私に完全に結び付けられていない彼岸（Jenseits），つまり思惟的に処理されるべき諸対象の総体であるような場合にもまた，そのようにするであろうか。外的な放出（Entladen）は，それを自らのうちに受け入れるのが，疎遠な（fremd）彼岸的な媒体のなかへのように，それのなかへ自らを失うであろうような距離を取られた客観世界ではなく，私自身に何らかの仕方で属している領域，いわば拡張された（erweitert）身体であるがゆえに，そしてその限りでのみ，私によって求められ，開放的な弛緩や充実として感じられ，そのうえ享受される。(IG. 98)

ここでリットは，身体－自我にとって親密で，それに連帯的であるという意味を込めて，そのような空間世界を「拡張された身体」と表現している。

そして，彼はこの「拡張された身体」である空間世界の性格として（これは当然「自我－身体」自体の性格ということでもあるが），「共振

III 人間観と教育 (1)

(Mitschwingen)，つまりある種の共鳴（Resonanz）」や「理解的な共感（verstehende Sympathie）」(IG. 100) の可能性を挙げ，それが自我に予感されるがゆえに，自我は表出運動を生じさせることになる，と述べている。

> 体験される空間世界が私にそのように直接的に「話しかける（ansprechen）」がゆえにのみ，それに対して私を「表現し（aussprechen）」ようとする原初的な衝迫が私のうちに覚醒する。(IG. 98)

このなかで，リットは「理解的な共感を予感させる」ということと「表出運動を生じさせる」ということを，「話しかける」と「表現する」という言葉で，比喩的に表わしているが，これは，彼がそのような空間世界と自我の関係を，そしてさらに遡って「身体－自我」の関係を，たとえ比喩的な意味でではあるにしろ，「対話的な」関係として捉えているということの端的な現われである，と言うことができる。我と汝，自己と他者の社会的関係を可能にする実際の対話に道を拓く連関が，すでにこの表出運動における心的契機と，「拡張された身体」としての空間世界を含めた身体的契機との対話的関係に見られる。より正確に言えば，この心身の比喩的な意味での対話的関係が，実際の対話の原初的形態である，と言える。

もちろん，この身体と，「拡張された身体」としての空間世界との関係は，発生論的に見れば，上述の説明とは逆になる。発達段階の初期においては，身体と空間世界の境界は明確に自覚されてはいない。その境界がより明確に意識されるのは，後の段階ということになる。

ところで，そのように対話的な関係の成立を可能にする自我にとって対等な相手として，「拡張された身体」としての空間世界を考えることに対して，主観－客観－関係に立脚する自然科学的な立場からは，それは体験された空間世界の単なる擬人化ではないのかという異議の出され

ることが当然予想される。

> 体験される空間世界を「擬人化する（personifizieren）」ことが許されているのは，詩的創作力や神話的創作力にだけである……。
> （IG. 100）

これに対して，そのような立場は体験された空間世界を自我との結合性を欠いた対象性の彼岸のなかへ押しやってしまい，その世界の中心的現象である「汝の現象（das Phänomen des Du）」を消し去ってしまうと，リットは反論する。

もちろん，この場合，主観－客観－関係で汝の現象がまったく捉えられないということを言っているのではない。たしかに，汝もまた身体的存在者であるので，空間を満たす他の物体や有機体と同様に，客観的思惟の対象になる。汝の身体に現われる表出運動に関してもまた，筋肉や神経の計算可能な動きとして，つまり物理学的－生理学的な過程として客観化可能である。また，汝の心的活動が原因として，汝の身体現象が結果として，自我の表出運動と同様に因果的に説明されうる。

しかし，そこからは，自我に理解的共感を与え，その表出運動を誘発する空間世界の性格と，そのなかでこの性格をもっともよく体現している「汝の現象」が抜け落ちてしまうのである。

そして逆に，その性格と「汝の現象」について触れることなしに，空間世界の現実性を主観－客観－関係で捉え尽くすことができるのかと，リットは問う。

> 私の体験するような空間世界は，いわばそれがもっとも感知できるように私に押し寄せるその共属性（Zugehörigkeit）をもっとも明白に私に意識させる点から，つまり汝の現象から光を当てられる。
> （IG. 102）

だが，このことに関しても，客観化する思惟は易々と同意を与えはし

III 人間観と教育 (1)

ないであろう。それは、そのような対話的関係をも主観－客観－関係で因果的に捉えようとする。すなわち、私の表出運動も汝の表出運動も区別なく客観のなかに位置付けられ、そして自我の身体現象と汝の身体現象が原因と結果の連関で捉えられる。すなわち、汝の表出運動の原因が私の表出運動として、私の表出運動の原因が汝の表出運動として説明される。

それに対して、この場合、それらの運動が現象する私の身体と汝の身体は、原因と結果が現象する単なる場というだけで、それらにとくに区別はないということになってしまうと、彼は反駁する。

> ここには「私の」身体も「汝の」身体もない。すなわち、ここには——偶然に汝の身体であり、私の身体である——二つの身体に関する諸経過がそれらのうちで決して際立ってはいない分肢を形作る原因と結果の諸連鎖だけがある。(IG. 103)

そしてさらに、このような客観的な思惟においては、汝の外的で知覚可能な身体的現象から、その背後にある汝の内的な心的活動が、つまり汝の心が想定されることになる。これは明らかに、自我の心的活動と身体事象の因果的結合に基づく「類推（Analogie）」である。言葉を換えれば、自我の表出運動におけるその心身関係の汝への「転移（Übertragung）」である。

しかし、これもまた、自我の表出運動に関する同じ説明と同様に、しかも同じ理由から退けられる。

> 私の自我が作用する原因としてその諸表出運動の「背後に」いるのではなく、むしろ自らをそれらのなかへ入れ、それらと一致しているように、汝もまた、感覚的に知覚されたものの「背後に」非－感覚的な「内的なもの」が気付かれるために、前もって私の側から推論する諸思惟行為を必要としないように、私によって体験されるそ

の諸表出（Äußerungen）の全体のうちに直接的に現在している
　　　……。(IG. 105)

　汝は，自我の類推や転移によって導出されるのではなく，自我と同様に表出するものとして最初から自我の体験内容に現在している。そして，このように同格化される汝が，自我の表出運動を誘発し，受容するのである。

　　　私がそれでもって自らを汝に向ける各々の表出する行為は，汝が潜
　　　在的にであれ，顕在的にであれ，私の方へ自らを表出するものであ
　　　るという直接的な確信を含んでいる。(IG. 106f.)

　このように，我と汝は，この表出と上述の理解的共感という点で同格化されており，この表出と共感は，我が表出する際には，汝が共感を与え，汝が表出する際には，我が共感を与えるというように，相互的関係にあり，それらにおいて我と汝は互換的関係にある。

　そして，表出という点で我と同格化されているのは汝だけではないというのが，リットの考えである。すなわち，汝以外の諸物もまた共感を与える可能性をもつだけではなく，程度に差はあれ，汝と同様に表出する可能性を有している。この共感と表出という点で同格化される汝と空間世界内の諸物との繋がりを，リットは次のように述べている。

　　　汝は，完全に切り離されて，いわば奇跡によってこの空間世界のな
　　　かへ入り込んでしまった異質な形成物……ではなく，むしろ汝のう
　　　ちには，たとえあまり印象的ではないにしても，体験される世界の
　　　うえに延びているそのような諸線がある……。(IG. 105)

　このことは，空間世界の諸物の側から見れば，それらが汝性を帯びているということである。

　　　外部で以前疎遠で無表情で私に対して硬直していた諸物（Dinge）
　　　が，私がそれらに表出することに，汝の応答で私にとってもっとも

喜ばしい確信になる理解的な反響を与える。私と私の相対者の間にあった境界は，たしかに抹消されないが，しかし，汝との対話でその完成へ高まる生ける運動で，つねに止揚される。(IG. 106)

汝以外の諸物もまた，単に無表情な無機的なものではなく，表情をもった対話的関係の相手になりうる。それゆえ，「体験される世界は，体験される汝へと凝縮する」(IG. 108) のである。前述の「汝の現象が空間世界の中心的な位置を占める」というのは，このような意味ででもある。

それに対して，客観化する思惟は，汝の現象だけではなく，空間世界内の諸物の有する汝性までも消し去ってしまうのである。

ところで，この自我と諸物との関係を発生論的に見れば，自我－身体と汝性を帯びた諸物との対話的な相互関係が先で，そこから後に，認識機能に縮小された自我と，汝性を剝奪され中性化された諸物との主観－客観－関係が生じる，ということになる。

6. 表現と理解

以上の結果，我ははじめ自体的にあり，それから汝と関係するというのではなく，はじめから汝との対話的な相互関係のうちにあるということが明らかになった。

この節では，そのような相互性と，それに基礎付けられた自我の本質形成との関係を示し，その構造を明らかにする。

リットは，自我の本質形成の構造を解明するために，自己表現の行為の分析から始めている。(IG. 174ff.) 自己表現とは，「象徴 (Symbol)」において捉えられる「意味 (Sinn)」の「無時間的な (zeitlos)」諸形

式に自我の体験内容を移そうとすること，つまり，自我の内的世界の内実を意味のなかへ流れ込ませようとすることである。

 だが，これは容易なことではない。そうしようとするとき，自我は，そのすべての体験内容がその媒介に対して超越的であり続けるということを知ることになる。自我は，心と象徴の間に，体験内実と意味の間に，ひいては我と汝の間に，深淵が横たわっているのを見ることになる。(IG. 174) というのは，「体験作用の世界と象徴化された意味の体系の間には，いかなる相応の関係も，いかなる予定調和もない」(IG. 174) からである。

 これは，なるほど自己表現の限界を意味している。しかし，自己表現は，そもそも表現によって生み出される「客観的な諸形成物 (objektive Gebilde)」が自己の具体的な体験から自らを引き離し，その特殊性から解放されて，「共通の世界 (gemeinsame Welt)」のなかへ入り込むことによって完了する。(IG. 174)

 もちろん，自己の体験内容は，たとえ表現されなくても，消えてしまうものではない。だが，それは，表現されるということがなければ，自己にとっても理解されることはないのである。このことに関して，彼はヘーゲルの『エンチクロペディー』(*Enzyklopädie*) 378節から次の文を引用している。

> 「精神は，……それが現われる前にすでにできあがった，現象という山の背後に自己自身を隠している本質ではなく，その必然的な自己顕示 (Sichoffenbaren) の特定の諸形式によってのみ，真に現実的である。」(IG. 177)

 それゆえ，たとえ自己表現が不十分であろうと，体験内実から隔たっていようと，そしてそのようなことが避けえないこととして，象徴化された意味との格闘につねに付きまとっていようと，この格闘は，自己表

現の完了のためには，どうしても欠くことができないのである。このことを，リットは「精神の真の生に不可欠の二律背反（Antinomie）」（IG. 177）と呼んでいる。

しかも，自我は，この意味との対決によってはじめて，「それまで欠けていたその内的な世界の組織を，図らざる産物として獲得する」（IG. 201f.）。すなわち，自我は，その対決によって，自我の本質をより豊かに分節化され，強化されることになる。

　体験内容は，まさに自らを表現することによってはじめて，自己自身の完全な享受に達し，意味との格闘によっていよいよ，自己自身の諸々の深みを汲み尽くし，それゆえ，もしこの自己表現が脱落するとしたら，それは，おそらく同じものではなく，より貧弱で，より平板で，より内実のない……ある他のものであろう……。(IG. 176f.)

このように，自己表現の行為は，客観的な諸形式へと向かう，いわば外への方向と，自己の図らざる本質形成という，いわば内への方向とをともに有している。

　自我は，意味のあるものの領域とともに，同時に——自己自身を征服する。(IG. 177)

ところで，この構造は，他者を理解しようとする行為においても見られる。他者理解の行為もまた，他者という外へと向かう。ところが，自己は，他者を理解しようとすることによって，より多くの体験内実で自己自身を満たすことになる。(IG. 188)

　我は，より純粋に，より留保なく，汝に理解的に没頭し，自己自身を忘れれば忘れるほど，同時にそれだけ一層持続的に，その内的な世界を形成する……。(IG. 187f.)

しかし，ここでもまた，他者の表現の地帯を通って，他者理解に達し

ようとするすべての努力は，限界に突き当たることになる。というのも，他者が他者であるのは，自己にとって限りなく近付きえない「彼岸性（Jenseitigkeit）」のうちに留まり続けているからである。(IG. 186)

だが，これは単に嘆かれるべき限界ではない。というのも，そのような他者との限りない対話が，自己の本質形成をも可能にするからである。

> 私が絶えず，永遠に彼岸的なものの方へ越え出て，手を伸ばすことは，私の自我の尽きるところの幻影を追う猟ではなく，私の自我が満たされる，生ける－現実的なものの探求である。(IG. 188)

しかも，この他者理解の努力は，自己理解にも通じている。というのも，自己は，理解という点で，必ずしも他者よりも自己の近くにいるというわけではないからである。

> 会うこと（Zusammenkommen）なしに，自己自身へ至ることもない。(IG. 212)

ところで，対話ということで共通の世界のなかへ入ることは，その共通性による自己の特殊性の喪失になるのではないか，と思われるかもしれない。だが，遠近法の特殊性の箇所で明示したように，ここでも，特殊性は一般性の外に求められるのではなく，特殊と一般の弁証法的な運動の途上で確保される[2]。リットは，自我を「モナド（Monade）」に，共通の精神の領域を「宇宙（Kosmos）」に喩えて，次のように述べている。

> モナドは，宇宙を自らのうちに映すのではなく，むしろ新たに生み出すのであるが，そのことによって，その自己性（Selbstheit）は奪われない……。(IG. 216)

以上，『個人と社会』を中心に，リットの人間観とそこに見られる弁証法を考察してきた。この対話的，弁証法的な「我－汝－関係」を中心

とする人間観は，受容的な他者に向かって自己の体験を表現しようとすることや，汝に代表される他者を理解しようとすることを通しての人間形成（自己形成）という広い意味での弁証法的な教育観として読み取ることができる。自己は，表現と理解を通して他者に向かうことによってはじめて，自己を形成することができる。その際，それを可能にするのは，自己と他者の共感的で，対話的な関係である。そして，この弁証法的な教育観は，その自他の継続的な関係に配慮する教育観である，と言える。また，人間を相互依存的な心身統一体として捉える人間観は，心身両面を配慮する教育を要請することになる，と考える。

註

(1)　Ausdruck に関しては，その意味内容に応じて「表現」と「表出」に訳し分けた。

(2)　このことに関して，本書の第Ⅰ章の第1節で示したように，リットは，ヘーゲル弁証法の欠陥が「普遍と特殊の弁証法」における「特殊の損害」にあったと考え，それに対して，自らの弁証法を「きわめて厳密な普遍の形式で特殊の権利を保障しようとする」ものとして規定している。(IG. 378)

IV 人間観と教育 (2)

1．はじめに

　前章の『個人と社会』第三版における人間観は，主として認識論の立場から展開されたものであるが，それは多分に存在論への傾向を孕んでいた，と考えることができる。そして，この傾向は，『思惟と存在』(*Denken und Sein*) とともに後期の主著と目されている『人間と世界』(*Mensch und Welt*) において明瞭になった，と考える。そこで，次に『人間と世界』における人間観を，そこに見られる弁証法を中心にして考察したいと思う。

　ところで，『人間と世界』の最初の草稿は，1939年の半ばに完成したが，第二次世界大戦の勃発で出版が中止され，その後，さらに手が加えられて，初版が出版されたのは，『思惟と存在』と同じ，戦後の1948年であった。これは，1926年の『個人と社会』第三版と1930年の『精神的な世界の解釈者としてのカントとヘルダー』と1933年の『哲学入門』の思考過程の継続として位置付けられる。そこでは「哲学的人間学（philosophische Anthropologie）」が「人間と世界の弁証法」として展開されている。(W. Klafki, *Die Pädagogik Theodor Litts*, 1982. S. 35, 40)

　この人間学は，「ひとがこれまで人間の探究に際して陥ってきた一面性を免れた人間についての理論——人間を身体から説明するのでもなく，心からでもなく，精神からでもなく，むしろ人間の実存（Existenz）のすべての側面，すべての『層（Schichten）』にそれらの固有性を認めるが，その際それでもやはり，個々のデータの並列に堕するのではなく，すべての特殊な特徴を現実的な全体像にまとめる理論」(MW. 14)である。それは「『人間的な』人間学（„humane" Anthropologie）」と呼

IV 人間観と教育 (2)

ばれ,「キリスト教的な (christlich)」人間学とも「生物学的な (biologisch)」人間学とも一線を画している。(MW. 13)

とはいえ,この人間的な人間学は,キリスト教的な人間学や生物学的な人間学の諸成果を拒否するものではない。

この「人間的」とは,何よりもまず「思惟の一般的な態度」を意味している。すなわち,それは「人間の本質 (Wesen)」を「超越的な照明」によってではなく,「まったく自己自身から,自己省察 (Selbstbesinnung) によって近付きうる諸経験へのきわめて厳格な制限において理解し,解釈すること」である。(MW. 15)

真理 (Wahrheit) への意志がそのなかで働いている思惟は,あらゆる結果に開かれた状態に自らを保たなければならないし,そうしようとする……。(MW. 15)

すなわち,人間的な人間学は,キリスト教的な人間学や生物学的な人間学の諸成果を拒否することなく,それらを哲学的に解釈し,理解しようとするのである。ヘルベルト・ツダルツィル (Herbert Zdarzil) は,リットの生誕百年の記念論文集『意味と歴史性』(*Sinn und Geschichtlichkeit*, 1980) に収められた論文「人間に関するテオドール・リットの理論について」(Zu Theodor Litts Lehre vom Menschen) のなかで,リットの哲学的な人間学とキリスト教的な人間学の関係について次のように記している。

彼は,被造物として制限され,罪を負い,危険に晒され,そして脆い,それゆえ神の恩恵の配分が必要な存在者としての人間についてのキリスト教的な把握を哲学的に仕上げようと努めた。(*Sinn und Geschichtlichkeit*, 1980. S. 132f.)

リットは,キリスト教的な人間学を哲学的な人間学の重要な構成要素として位置付けようとしている。そして,ここには,ユダヤ民族との出

会い，ユダヤ教に起源をもつキリスト教，そしてそのキリスト的な人間観を欠いて，人間的な人間学を展開することはできないという考え方がある。

しかも，このことを強調することは，当時の国家社会主義的な人種イデオロギーと歴史解釈に対して否定を投げかけることであった。

このように，『人間と世界』には，国家社会主義的なイデオロギーとの直接的な対決姿勢を示した，1934年の論文「国家社会主義的な国家における精神科学の位置」，1935年の論文「哲学と時代精神」，1938年の『ドイツ精神とキリスト教』，1938年の講演「人種理論史観の思想的な基礎」と共通の問題意識が潜在している。

ちなみに，このような問題意識を共有し，キリスト教な，とくにプロテスタント的な人間学としてペスタロッチの人間学を哲学的に理解しようとした著作に，1939年の『プロテスタント的な歴史意識』がある。

また，リットは，とくに『人間と世界』の「アーノルド・ゲーレン(Arnold Gehlen)の人間学について」と題する補遺で，ゲーレンが『人間』(*Der Mensch*, 1940)で展開した生物学的な人間学と，リット自身の人間学との関係に言及している。それによると，リットの哲学的な人間学はゲーレンの人間学と，「人間の本質を，動物の生存形式(Daseinsform)との比較で際立たせることによって解明しようとするということを共有している」(MW. 281)。しかし，リットの人間学は，精神を自然から導出することもできないし，自然に解消することもできない[1]という理由から，ゲーレンの人間学と決定的に対立する。

この生物学的な人間学に対するリットの批判に関してもまた，その背景には，生物学的な人間学と結び付いた国家社会主義的なイデオロギーに対する否定の意味があった。

ちなみに，ゲーレンの生物学的な人間学に関して，クラフキーは，

「たしかに国家社会主義的なイデオロギーの単なる挿し木と見做されてはならないけれども，その広範囲に及ぶ生物学主義的な諸原型表象が少なくとも国家社会主義的な諸一般原理の学問的な基礎構築として解釈されかねなかった」(W. Klafki, ibid. S. 33) と記し，そのような解釈の可能性に対して，1945年までゲーレンは何らの防衛策も講じなかったと，ゲーレンの生物学的人間学と国家社会主義との繋がりを示している。(ibid.)

以上のように位置付けられる『人間と世界』に依拠して，次節では「自己」と「他者」の，第3節では「依存」と「自由」の，そして第4節では「思惟」と「存在」のそれぞれの弁証法的な関係を中心にして，リットの人間観を明らかにしていきたいと思う。

2．自己と他者

「人間存在（Menschsein）」は「個体（Einzelwesen）」として，一見「自己充足（Selbstgenügsamkeit）」しているように見える。だが，決してそうではない。それは世界を必要としている。

この節では，その「自己存在（Selbstsein）」と「自己生成（Selbstwerden）」について，自己と他者の弁証法的な関係を中心に考察する。その際問題になるのは，自己の「自己性（Selbstheit）」と「世界に開いていること（Weltoffenheit）」における受動性と能動性である。

リットは，まず「全体性（Ganzheit）」という概念が人間存在に保証されているのか，つまり人間は個体として自己充足しているのか，と問う。(MW. 19f.) 彼はこの問いに，個体としての人間の現存形式である「個人（Person）」の分析を手掛かりにして答えようとする。(MW. 21)

この概念は，「われわれの経験の世界のなかで比類のない存在の統一性（Einheitlichkeit）と閉鎖性（Geschlossenheit）」（MW. 21）を表わしている。このもっとも簡にして要を得た表現は，個人が「自らに『私（Ich）』と言うこと」（MW. 21）である。
　この表現は，「『私の』行なうことと被ることの一切」が私という「同一の主体に属するものとして『体験さ』れる」（MW. 22）という受動性を意味している。そしてそれは，さらにその根拠でもある，私がその一切を私の「内的な中心から組織する」（MW. 22）という能動性をも意味していると，リットは分析する。それゆえ，「個人の統一（Einheit）は，決して単なる所与のものではなく，まさに絶えず課せられているものである」（MW. 22）ということになる。個人は「変えられない事実として予め与えられた存在に固定されているのではなく」（MW. 22），意欲や行為や創造といった「自己存在の自由（Freiheit）」に基づいて「自らを自己自身の存在に合わせて造る」（MW. 22）のである。換言すれば，個人が「歴史（Geschichte）の形式」（MW. 27）で自らを生成させ，存在させるということである。
　こうして，はじめて個人は自己になるのである。そして，その際この「自己への集中」に対応して，「自己から区別され，自己に向かい合って立っている『世界』」（MW. 22）が出現することになる。
　それに反して，人間以外の動物は「『自己』への集中も，『世界』からの分離も知らない」（MW. 23）と言われる。というのは，それはその行動様式を「生れ付きの本性（Natur）によって規定され，固定されている」（MW. 23）からである。
　ところで，人間が自己になることに対応する世界は，「社会という母胎から出てくる世界」（MW. 24）である。それは，個人の精神的な生活の創造に関わるがゆえに，「予め見出されている第一の自然」に対し

て,「第二の自然」と呼ばれる。(MW. 26)この世界において個人は,第一の自然を対象化し,「事象化(Versachlichung)」(MW. 60)しようとする。人間は数学的自然科学の認識者として,科学技術の行為者として,「自己的なもの－以外のものを自己－支配に服させようと」(MW. 26)さえする。ここにおいて人間は,自己以外の諸力への依存から自由であり,自己充足〔「自足(Autarkie)」(MW. 23)〕しているように思われる。

ところが,あらゆる自己充足は,それを基礎付け,保証するように思われた「自己性」(MW. 31)によってすでに締め出されていると,リットは言うのである。というのは,自己性はたしかに,一面から見ると,自己を世界から分離し,自己を内的な中心から組織する存在者にのみ認められることであるが,しかしそれは,生命維持の諸機能のように,自己に生れ付き備わっているものではないからである。

 それ(個人)は,純粋に内部から自己を精神化すること(Selbstvergeistigung)へと駆り立てられるであろう,いかなる「本能(Instinkt)」も生れ付きもってはいない。その自己生成は,それ自身の「外に」ある諸条件に結び付けられている。(MW. 31)

それでは,その諸条件とはいかなるものであろうか。それは,言うまでもなく,自己から分離された世界であり,その世界のなかの「応答する他者」(MW. 95)である。

人間以外の動物のできることは,「刺激と強制の複合体」である「環境(Umwelt)」(MW. 23)のなかで,「変えることができないように予め描かれた現存形式を現実に移す」(MW. 95)ことだけである。それに対して,人間は,世界や他者との「交わり(Umgang)」(MW. 56)によって,そもそもはじめてその現存形式を形作り,それを内容で満たすのである。

> 人間は，はるかに深く包括的な意味で，世界が必要であり，世界に向かって置かれている。(MW. 95)

　もちろん，人間は，このように世界や他者を頼りにしているとはいっても，それらに一方的に依存しているわけではない。その場合でも，どの他者を頼りにするのか，どのように自己を形成しようとするのかということは「未決定（Schwebe）の状態」(MW. 35) にあり，それを決定する自由は人間に保たれている。

　ところで，自己生成にとって不可欠の契機である他者のなかで，とくに「汝（das Du）」がきわめて重要な位置を占めていると，リットは考えている。というのは，自己性の端的な表現が「自らに『私』と言うこと」であったが，自己がそのように言いうるためには，私と同様に「自らに『私』と言う」ことができる，私ではない存在，つまり「汝」が，私に相対していなければならないからである。しかも，汝は，呼びかけと応答という点で，他者のなかでとくに優位を占めているのである。

　そして，その自己生成にとってきわめて重要なことは，自己に相対する汝が汝一般ではなく，「具体的な特殊性（konkrete Besonderheit）」をもつ「この特定の汝」(MW. 33) である，ということである。

> 私がこの特定の自己になりえたのは，この特定の他者との交わりにおいてであり，他者がその特定の自己になりえたのは，私との交わりにおいてである……。(MW. 35)

　このことが「人間の現存に歴史性（Geschichtlichkeit）の刻印を与える」(MW. 35) のである。

　しかも，「両者（我と汝）は，文字通りの意味で，お互いに『何かあることを言わなければならない』とき，はじめて単に情緒的な接近と接触を凌駕する」のである。(MW. 36)「自らに『私』と言うこと」は，文字通りに取られなければならない。我と汝の交わりにおいては，「言

Ⅳ　人間観と教育　⑵

葉（Sprach）」⁽²⁾が，より厳密に言えば，言葉の「感覚的−非感覚的な事象」に内在する，時間を越えた客観的な「意味」が，我と汝のそれぞれの自己生成に大きな役割を果たしている。(MW. 36) というのは，次のような理由からである。

> それは，まったく自己自身のもとに留まっていて，その存在において同時に，それ自身の知であり，この自らを知っていること（Sichwissen）において同時に，自らを形成すること（Sichgestaltung）である……。(MW. 168)

意味は，具体的で特殊な自我と結び付き，そのことでその自己生成を可能にするのである。

こうして，意味は，自我にその自己性を保証する。だが，それは，それと同時に，自我の「孤立化（Absonderung）や個別化（Vereinzelung）」(MW. 166) を排除する。というのは，意味は「この特殊な自我にのみならず，原則上各々の自我に属し，それゆえに，各々の特殊な自我によっても捉えられる」(MW. 166) からである。

> 私は，意味を把握することで同時に，完全に私自身であるが，それでもやはり，個別者としての私を決定的に超越してしまっている。(MW. 166)

このように，自己性は「世界に開いていること」と深く関わっている。だが，このことは，自己が殺到する世界内実を一方的に，しかも受動的に受け入れるということではなかった。というのは，たしかに自己は世界に対して開いているが，しかしその内実に対しては選択的であるからである。この自己の能動性が「世界との出会い（Weltbegegnung）」に際して異質なものの氾濫に圧倒されることから自己性を守ることになる。(MW. 195) そして，その場合にのみ，世界に自己を開くことが同時に自己になることを意味するということが起こりうるのである。

それ（自我）は、（世界という）相対者に没頭しつつ、同時に至高の自己活動（Eigentätigkeit）に繋がっているので、そしてそれゆえにのみ、それが世界からいつまでも離れないようにしか見えないにもかかわらず、自己自身の形式に合わせて自らを造ることが可能である。（MW. 96）

この自己性と世界に開いていることとの弁証法的な関係を、リットは次のように簡潔にまとめている。

　人間は、つねに自己自身を越えているからこそ、そしてそれゆえにのみ、自己である。（MW. 96f.）

3．依存と自由

　自己生成には、自己の世界に開いていることと自己の自己性が大きく関わっている。これは、自己生成における「依存」と「自由」の関係の問題としても捉えることができる。この節では、この関係と、この両者にまとい付く「両義性（Zweideutigkeit）」について考察する。

　さて、人間は、いったい何を、何に、どのような仕方で依存しているのであろうか。

　私がともかくいるということ、私が世界のそこにではなく、まさにここにいる、その時にではなく、まさにこの時にいるということ、私がこのような人間であって、そのような人間ではないということ——これらの事実すべてが、自然の被造物（Naturgeschöpf）としての私にとってのみならず、また私の精神的な本質と作用にとっても規定的である。（MW. 155）

　人間は、あらゆることを、それらを与える現実の全体〔「全現実

Ⅳ 人間観と教育 ⑵

(Gesamtwirklichkeit)」(MW. 155)〕に依存している〔「受け取る者の位置 (Stellung) にいる」(MW. 156)〕のである。しかも,「その依存は,単にある一定の側面にのみならず,実際私の実存の全体 (Totalität) に該当する依存である」。(MW. 156)

だが,そうであるとすると,この依存の関係にある自己には,いかなる自由も残されていないということになるのであろうか。たしかに,私はあらゆることを現実の全体に依存している。しかし,私は単にそのような依存的状態にあるだけではない。私には,私がそのような状態にあるということを知りうる可能性がある。ということは,この知るということによって,依存的な状態を越えうる可能性がある,ということになる。

> 私は,この依存の事実と仕方に関して,私が「知」として評価し,それゆえそれらに「真理」という性格を添える諸思考 (Gedanken) を私のうちで展開するとき,それでもってすでに,たとえ私がそのことを意識していようといなかろうと,主張された依存を免れる能力が私にあることを認めてしまっている。(MW. 156f.)

したがって,私は,その依存についての知によって,その依存を踏み越えることができる,つまり自由である。そして,その根拠は次のようなものである。

> この依存についての知は,私が少なくともこの知の成就においてはその依存を超越してしまっているという前提のもとでのみ,私のものになりうる。(MW. 157)

それでは,自由は,依存についての知としての自由ということで,その依存から導出されるということになるのであろうか。リットは,自由が依存の知として現実化する,その依存を必要とするということは認めるが,しかし,自由は依存からは導出されえないということを次のよう

101

に述べている。

> 自由は，それが行使されてもたらされる具体的なこと自体の源泉であって，それゆえ，たとえ自由の行使によってもたらされた成果や結果が限定されようとも，それ自体は決して限定されたものでも，決定されたものでもない……。(MW. 197)

このように，人間はあらゆる依存から逃れることはできないが，しかしそうかといって，依存の知としての自由の可能性まで締め出されてしまっているわけではない。しかも，その自由は，依存からは導出されない自由である。

そして，リットは，人間における自由について，人間以外の動物の場合と比較して，次のように述べている。

> 人間は，動物と違って，その行動を規定する諸本能を欠いていて，しかも他方で，そもそも何らかの仕方で行動することを放棄しえないのであるから，否応なしに自らの行動を自己自身で決定しなければならない。そして，それは，人間が自由において行為しなければならないということを意味する。かなり逆説的であるが，人間は，自由であるように強制されている。(MW. 160)

ところが，このように依存とともに，自由に基づいている人間存在は，そうであるがゆえに，「両義性」[3] (MW. 102) に晒されている。

> 動物は，疑念や誘惑や過誤については知らず，微動だにしない一義性（Eindeutigkeit）でその本性を発達させるのに，他方人間は，すなわち，繰り返し決定するように呼びかけられている人間は，救済的なものと破滅的なものとの葛藤に引き渡されている……。(MW. 102)

すなわち，人間には，自らにとって救済的な結果をもたらす決定の自由だけではなく，自らにとって破滅的な結果をもたらす決定の自由もあ

Ⅳ 人間観と教育 ⑵

るのである。

　また，ある結果をもたらすことを予想して取られた決定が必ずしもその通りの結果をもたらすとは限らない，ということもある。

　　各々のプラスがそのマイナスを脅威的な可能性として自らのうちにもっているということが，まさにあらゆる人間的なものの根底にある不確かさ（Unsicherheit）である。（MW. 102）

　だが，この不確かさは，「人間がとにかく『人間』であり，『自由で』あり，『自己』であるためには，未決定の状態で漂わなければならない両義的で－脅威的な不確実性（Ungewißheit）」（MW. 136）である。このような不確かな現存こそが人間的な現存であると，リットは考えている。（MW. 273）[(4)]

　しかも，人間は，どのように自己決定しようとも，つねに「負い目（Schuld）」（MW. 100）を負うことになる。というのは，あることの決定には，つねに逆の決定の可能性という否定的なものが付きまとっているからである。それは，あの時，あのようにではなく，このようにしていたら，どうなっていたであろう，というものである。

　それでは，人間はこのような両義的な不確実性に晒されたままなのであろうか。それに対して，人間は何もできないのであろうか。

　このことに関しても，人間はただそのような状態にあるだけではなく，そのような状態にある「自己自身についての知」（MW. 226）をもつことができるのである[(5)]。

　　両義性について知ることは，自ら両義性の疑念を越えて高められている思惟にのみ認められる。（MW. 247）

　しかも，そのような知は，それぞれの人間の特殊性を含む「一次的な意味（Sinn ersten Grades）」から，そのような特殊性の差異と対立を含みつつ，それらを越える普遍性をもつ「二次的な意味（Sinn zweiten

Grades)」へと高められる可能性を有している。(MW. 222, 247) それは，「自己を段々高めること (Selbstaufstufung) において実現される，特殊なもの (das Besondere) から普遍的なもの (das Allgemeine) への発展」(MW. 246) である。

この発展は，「自己省察」(「自己解明 (Selbsterhellung)」) (MW. 225) によってなされる。したがって，「普遍性の知」は，「自己」省察によって得られるがゆえに，逆に「歴史的な生としての人間的な生の特徴を示す具体性 (Konkretheit)」(MW. 249) を損うという恐れもない。それどころか，この知は，たえず具体的で特殊な自己の現存と関係するときにのみ，過去の知の硬直した残余ではない知でありうるのである。

また，この知は，同じ理由から，人間の自由に基づく決定を制限することもない，と考えられている。

> 選択的な決定の必然性と全権が根差している自由は，その知によって限定されず，したがって，各々の決定が晒される危険もまた，その知によって取り除かれない。(MW. 249)

しかも，その「省察」は，決して無限に後退することはない。というのは，この省察による知は，あくまで自己自身についての知であるからである。

> それは，自己自身についての完了した知として，外からの停止を命じる機関の決定によってではなく，自らのうちで，自己自身から完全に静止する。(MW. 227)

ちなみに，リットは，この特殊な知から普遍的な知への上昇に関して，この上昇のうちには認識論の限界を越える意味が内在しているということを，次のように述べている。

> その上昇は，その論理的な構造からして同時に，不確かで－未決定のものから確かで，しかも支えを与えるものへの発展である。(MW.

4．思惟と存在

　ところで，自己省察や自己解明は，広い意味で思惟に属する。この節では，その思惟と，世界を構成している存在との関係を，世界のなかの人間存在の位置についての考察を手掛かりにして明らかにしたいと思う。
　人間は，世界のなかでどのような位置にいるのであろうか。
　　一人一人の人間は，空間のうちの一つの，た・っ・た・一つの場所を占めていて，はっきりと周りに対して境界付けられた空間の一部分を，しかもこの部・分・のみを満たす存在者（Wesen）である。(MW. 211)
　空間的な意味で，一人一人の人間は，世界のなかの他の存在者とともに，そしてそれらと区別なく存在している。
　だが，これは「空間的な表象における偏見」(MW. 211) であると，リットは考えている。たしかに，人間を「自然の存在者（Naturwesen）」や「事象（Sache）」としてだけ見ようとするなら，そうであるかもしれない。しかし，人間を「精神の担い手」，「精神的な主体」として見ようとすると，他の存在者との「並列（Nebeneinander）」(MW. 314) は当然否定されなければならない。というのは，たしかに人間存在は，身体的な存在者としては，空間の一部を占めるその身体と一致しているが，しかし精神的な存在者としては，その身体の内部にのみ閉じ込められているわけではないからである。
　　それ（精神的な主体）は，……「自らのうちに（in sich）」と同時に，「自らを越えて（über sich hinaus）」いる。(MW. 211)

しかも，その並列が否定されなければならないのは，精神的な存在者が他の存在者との「特殊な差異（Differenz）」（MW. 211）をもっているからではなく，むしろ，それが「自己自身のもとに留まる（bei sich selbst sein）」と同時に，他の存在者へと自らを越えていることによって，自らに他の存在者との差異を与える[(6)]からである。
　そして，精神的な存在者は，他の存在者へと自らを越えて，それに留まることによって，自己自身から疎外されないだけではなく，そのような自己自身を「反省的に意識する」（MW. 212）ことによって，本来的な意味で自己自身へと導かれることになる。

> それは，「それと異なったもの」としての世界をつかむことで満足しない。それは，それが世界をつかむものとしての自己自身をさらにつかみ，そうして世界への行為を自己－意識に高めることによってこの活動を反復し，強化する。（MW. 225）

　また，他の存在者の側でも，その活動によって疎外されるのではなく，むしろそれ「固有の本質（Eigenwesen）」（MW. 212）を受け取ることになると，リットは考えている。
　したがって，精神的な存在者と他の存在者の関係は，彼は前者を精神，後者を世界と言い換えているが，次のようになる。

> 精神は，世界を経るという回り道をすることではじめて精神になり，そして世界は，精神を通過することではじめて世界になる。（MW. 199）

　彼は，この「生成」という概念をヘーゲルの「媒介（Vermittelung）」（MW. 199）という概念に負うている。

> 「媒介される」ということは，彼（ヘーゲル）にとっては，生成しつつあるものがそれと異なったものを経ることによってのみ，それに予め設定されている形態に達するような構造の生成という意味で

Ⅳ 人間観と教育 ⑵

ある。(MW. 199)

　その際，精神が世界へと自らを越えることはあっても，世界が精神へと自らを越えることはない。それゆえ，世界は精神を頼りにしていると，リットは考える。そして，人間は「世界のなかに入り，世界に働きかける使命」，つまり「世界開放の使命（Weltmission）」(MW. 210) をもっている，と言うのである。人間は，世界にとってどうでもよい存在ではなく，欠くことのできない存在である。

　この点で，リットは，ニコライ・ハルトマンの「世界は，人間が世界について何を思惟しようと，それに対してまったく無関心である」(Nicolai Hartmann, *Das Problem des geistigen Seins*, 2. Aufl., 1949. S. 115) という立場と対立する。(MW. 312)

　ところで，この「精神の越えて広がる（übergreifend）機能」は，思惟の機能である。次に，この思惟と存在の弁証法的な関係について考察する。これに関しては，『人間と世界』の第一版の序文でこれを補足する著作として挙げられた『思惟と存在』（*Denken und Sein*, 1948）の叙述を手掛かりに展開する。

　ちなみに，『思惟と存在』は，人間の認識を扱った，1923年の『認識と生』，1928年の『科学，教養，世界観』，1933年の『哲学入門』の研究の延長線上にあり，とくに認識論・学理論を展開している。また，精神科学の認識論・学理論を扱い，『思惟と存在』に先行して出版された著作には，1941年の『精神科学的な認識の構造における普遍』がある。

　さて，精神は，思惟によって他の存在へと越えて広がり，それらに差異を与える。その際，差異を与えるものと差異を与えられるものは，お互いに異なったものであって，決して相互のうちへ解消されないと，リットは考えている。

　それは，「思惟と存在」という公式のうちに現われる関係を，一方

の側が他方の側に従属させるか，あるいは他方の側のなかへ完全に解消させることによって単純化する試みを断念することを意味する。(DS. 164)

それゆえ，次のように考えることはできない。すなわち，「はじめに『現存在 (Dasein)』という存在様相 (Seinsart) が，それから『その後やっと』その存在様相から『認識作用 (Erkennen)』という存在様相が把握される」(MW. 317) と。というのは，もし思惟が存在から導出されるとしたら，思惟は，それが実際もたなければならない「独立性 (Eigenständigkeit)」を失うことになるからである。(MW. 317)

　　思惟は，それが「入れら」れていると思われている存在状態を超越してしまっていなければならない。(MW. 317)

したがって，リットは，ハルトマンのように，「認識は，『多くの存在関係の一つ』であり，より厳密に言えば，『存在する』主体を『存在する』客体に結合させる諸関係の一つであり」(MW. 309)，「絶対的にすべてを包括する存在領域は……認識関係を存在の特殊な場合として自らのうちに含む」(N. Hartmann, *Grundzüge einer Metaphysik der Erkenntnis*, 4. Aufl., 1949. S. 203) (MW. 309) というような立場とは対立することになる。リットは，そのように存在という概念に優位を与える立場を否定して，次のように主張している。

　　（思惟と存在という）関係の二肢性 (Zweigliedrigkeit) は，保たれ続けなければならない。(DS. 164)

そしてさらに，彼はこの「関係の二肢性」を次のようにまとめて述べている。

　　（思惟と存在という）公式は，表面的に見ると，まさに関係の一方の側を形作る思惟の立場から投企される。もしこの思惟が実際究極まで前進するならば，その場合それは，存在する世界の認識作用か

Ⅳ　人間観と教育 ⑵

らこの認識作用の執行人としての自己自身へ遡り，そしてそれでもってまさに関係の両方の側を包含する思惟になる。逆に，存在の側で，まさにそれにふさわしいような拡張へと至る，自己自身への後退が行なわれるであろうということはありえない。思惟は，存在の思惟から思惟の思惟へさらに進む。しかし，存在を……私が，もしそれを定義しようとすれば，そこには無意味な命題しか出てこないであろうが，しかしそうかといって，そのばかげた言葉を口にしないために取り払うことはできない。それゆえ，両方の分肢の関係は，思惟が一方の側を形作ると同時に，他方の側へ……「越えて広がる」ということになる。(DS. 165)

　このように，思惟は決して存在から導出されないし，また，存在は，思惟が存在へと越えて広がるとしても，思惟によって完全に取り込まれえないのである。ここに思惟と存在の弁証法的関係を見ることができる。

　そして，この思惟と存在の関係において人間は，その両方に場を占める存在者である。人間は，存在する世界の構成要素としてそこに存在し，また，思惟する行為において世界に関わっている。しかも，その思惟は，「自己自身を思惟すること（Sichselbstdenken）」(DS. 147) へと至る可能性を有している思惟である。

　　思惟の主体，「思惟する存在者」は，関係の両方の側にその場所をもつ……。(DS. 164)

　リットは以上のように，人間を捉えていた。この弁証法的な人間観は，人間的人間学の成果であるとはいっても，形而上学的であるという批判は否めないと思う。だが，そこからは，世界や存在といった他者を媒介とした人間形成（自己生成）という弁証法的な教育観を読み取ることができる，と考える。

ツダルツィルは，この「人間についてのリットの理論」の特徴を，「テオドール・リットの人間に関する理論について」で，「彼の人間学から彼の思惟のほとんどあらゆる他の領域（とりわけ学理論と教育理論）への横の繋がりが見えてくる」（*Sinn und Geschichtlichkeit*, 1980. S. 145）ということを挙げ，その論文の最後に次のように記している。

> 人間についてのリットの理論にも，全体的なものが真なるものであるというヘーゲルの言葉があてはまる。（ibid. S. 146）

註
(1)　このことに関しては，『人間と世界』第十章の「精神の導出不可能性（Die Unableitbarkeit des Geistes）」の節（MW. 150f.）を参照してください。
(2)　リットにとって，「言葉」は，言葉以外の，「個人がその庇護のもとで自己性へと成熟する『客観的なもの』」の範例である。（MW. 38）
(3)　「両義性」に関してはこの性格を，リットは1939年の『プロテスタント的な歴史意識』の「人間の両義性」の節で，ペスタロッチの人間学に依拠して，キリスト教的な，とくにプロテスタント的な人間像の特徴として説明している。（*Der lebendige Pestalozzi*, 1952. S. 41-46）
(4)　リットは，このような人間学の成果がキリスト教的人間学の成果と，とくにパスカル（Blaise Pascal）の思想と一致することを指摘している。リットは，その根拠として，パスカルもまた人間を「両極端の間にいる」「中間存在者（Mittelwesen）」として規定している，ということを挙げている。（MW. 137）
(5)　リットは，この両義性を越えていることに関してもまた，彼の人間学の成果がパスカルの思想と根本的に一致することを指摘している。リットは，『パンセ』（*Pensées*）ブランシュヴィック版347の叙述を根拠として，次のように述べている。パスカルにとって「人間はまさに悲惨であ

るが，しかし，人間は悲惨な人であるだけではなく，また自らを悲惨な人であると知っているので，偉大である」(MW. 250) と。

(6)　リットは，さらにこの差異を与えることは単なる分離ではなく，新たな，しかもより高い仕方での結合のためのものであり，この結合は「究極の概念的な明白さへと高める思惟の諸作用において引き継がれ，仕上げられる」と述べている。(MW. 315)

Ⅴ　出会いと教育

1．はじめに

　この章の目的は，リットの「出会い（Begegnung）」概念とそこに見られる弁証法を，「歴史的な出会いの本質について」という副題の付いた『ドイツ精神とキリスト教』（*Der deutsche Geist und das Christentum*, 1938）を中心にして闡明することにある。『ドイツ精神とキリスト教』は，1934年の論文「国家社会主義的な国家における精神科学の位置」と1935年の論文「哲学と時代精神」と1938年の講演「人種理論史観の思想的な基礎」とともに，国家社会主義的なイデオロギーとの直接的な対立を示したものである。

　ところで，リットは，生の根源的な関係として自己と他者の相互依存的な弁証法的関係を考えている。ところが，彼はそれらの関係については，すでに見たように，『個人と社会』第三版，『人間と世界』等で主題的に扱っているが，それらの出会いの問題に関しては主題的に扱ってはいない。

　だが，そうはいってもやはり，その関係の端緒である，それらの出会いの問題を避けて通るわけにはいかない。しかも，このことを明らかにすることによって，逆に自己や他者，そしてそれらの関係に関する彼の考え方をより闡明にすることができる，と思われる。さらに，彼がどうしてそれらの出会いよりもそれらの関係の方を重視することになったのかということも明らかにすることができる，と考える。

　また，出会いは，教育にとっても大きな問題である。人間は，様々な他者との出会いを通して自己形成する。たとえば，子供は，親や教師といった周囲の人々との，そしてその人々によって媒介される生活習慣や

Ⅴ 出会いと教育

文化との出会いを通して，自己を形成する。しかし，その際自己を形成するのは，子供だけではない。親や教師もまた，その子供との出会いを通してはじめて親や教師になる，つまりともに自己形成する。だが，この出会いには，様々な問題もある。たとえば，すべての出会いが自己形成に関わるわけではないということである。自己の形成に大きく関わる出会いと，そうでない出会いがある。また，出会いはあっても，自己形成できない場合もある。たとえば，親や教師が子供と出会っていても，親や教師になりきれないような場合がある。当然その逆の場合もある。そして，出会いには，それを通した自己形成に，自己がどのように関わっているのか，といった問題もある。

　以上のような理由から，リットの「出会い」概念を問題にする。

　以下，次節においては，あくまで「1930年代の」という限定付きで，当時の生物学的な理解における「人間生成（Menschwerdung）」についての考え方（「環境説」と「生得説」）に反対して持ち出された，彼の「出会い」概念について明らかにする。次に第3節では，出会いを通して「自己生成（Selbstwerden）」を可能にする「他者（Andere）」を，彼はどのように理解していたのかということを解明する。そして第4節においては，自己の「自己性」や「自由」に基づく「出会いの選択」とその際の「選択の尺度（Maßstab）」について明らかにする。最後に第5節では，彼の「出会い」概念を検討して，結論としたいと考えている。

　ところで，上述で示したように，この問題を扱うために依拠した『ドイツ精神とキリスト教』をリットに書かせた背景には，国家社会主義の台頭に対する彼の危機意識があった。この著において彼は，国家社会主義の反ユダヤ主義を支える人種理論（アーリア人種至上主義の理論）を，それと結び付いた生物学的な理論を批判する形で否定している。そ

して，民族的精神は他の民族との出会いにおいてはじめて生じるものであるということ，ゲルマン民族とその精神にとってもユダヤ民族との，そしてキリスト教との出会いが決定的であったということを，「歴史的な出会いの本質」として学問的に明らかにしている。ただし，その解明の仕方は，はじめから社会や民族の出会いと生成を扱うのではなく，個人の出会いと生成の問題の解明を足場として，それらの問題へと至る方法である。『ドイツ精神とキリスト教』の3章「出会いにおける人間」と4章「出会いと尺度」はこの箇所にあたる。それゆえ，この章はとくにそれらに依拠している。

２．出会いと生成

　人間も生物であり，身体的存在者である以上，その生成の理解に生物学の理論が用いられるのは当然である。むしろ，人間生成の理解において生物学の成果が無視されるとしたら，このことの方が問題であろう。
　だが，ここに一つの大きな問題が生じる。それは，生物学的な理論のみで人間生成の全体を説明しようとすることである。もちろん，このことは，『ドイツ精神とキリスト教』の書かれた1930年代に限ったことではない。また，生物学の理論に限ったことでもない。生物学を含めた自然科学の飛躍的に進歩した現在の，そしてそれらの成果の援用に関する問題でもある。
　リットは，この問題に関して，当時の生物学的理解をある面ではわれわれの直接的な体験に基づいて認めているが，しかし，その人間生成の全体への援用を厳しく批判している。そして，彼は「人間生成の秘密」を解く鍵を「出会い」概念に求めている。以下，彼の論述に沿って

V 出会いと教育

見ていくことにする。

　リットは,「個体 (Einzelwesen)」(「個人 (Person)」)としての人間の現存在には「自らにおいて閉じた『身体』,つまりそれに独特な仕方で属する有機体的な形態 (Gestalt)」(GC. 17) が含まれているので,「自己生成」の身体的側面には生物学の遺伝説が妥当することを認め,次のように述べている。

　　人間の身体形態は,その決定的な特徴において「先天的で (angeboren)」ある,すなわち胚 (Keim) においてすでに変えられずに予め決められている……。(GC. 17)

このことは,直接的な接触や意図的な同化のない先祖との身体的な外観の相似といった,われわれの身近に経験できる事実からも明白である。

　しかし,このような生得説的な理解を自己生成の全体に援用しようとすると,どのようなことになるのであろうか。そうしようとすると,生成する自己の本質は,自己に生得的に備わっている「素質 (Anlage)」の顕在化したものにすぎない,ということになる。

　　本質を規定するもので,人間のうちで,しかも人間に即して生起するあらゆるものは,その根源的な素質のうちにすでに含まれて存在し,そしてその人生の経過を通して単に取り出されればよい……。(GC. 19)

ところが,これは内的な不自由に陥っていると,彼は否定する。なぜならば,言うまでもなく,将来実現されるべき計画が遺伝子としてすでに胚のうちに組み込まれているということは,たとえそれが自己のものであっても,自己の力では変更することができないということを意味しているからである。すなわち,自己は,自己の関わりなしに立てられた計画が展開される単なる場ということになってしまうからである。

それでは，当時生得説によって克服されたと考えられた環境説はどうであろうか。

　環境説的な理解は，実現される自己の本質の「原因」を「外部に」見出そうとする。そうすると，本質の現実化という「結果」は，外的な原因によって引き起こされる物理現象とまったく同様に，外的な原因に依存することになる。ということは，ここには，自己の本質の現実化であるにもかかわらず，自己の「自己性」や「自立（Selbständigkeit）」といったものの痕跡すら留めない，ということになる。自己の「自由」の余地がなくなってしまう。これもおかしなことである。

　もちろん，生得説を基本としながらも，外部の環境，つまり「世界」の関与も認める，といった考え方がある。しかし，その場合でも，世界はあくまで自己の本質を実現するための「素材」を提供する貯蔵所にすぎないか，あるいは予め組み込まれた発展の段階的な移行のための「刺激」の発信地にすぎない，ということになる。

　リットは，これらをどれも「自然科学的な因果関係の範疇を越えない思考」（GC. 19）〔「空間的事物や空間的事象に関わっている因果的な思考」（GC. 22）〕として退ける。

　それに対して，彼は「人間の顔」の分析を通して自己生成の秘密に迫ろうとする。

　「顔」もまた身体の一部である以上，その形態は，胚が自らのうちに予め含んでいたものの現実化したものである。ところが，「人間の顔」には，形態だけが帰属しているわけではない。そこには，「表情（Ausdruck）」が現われている。この「表情」までが遺伝的に規定されている，と考えることはできない。もちろん，それもまた遺伝的な素質によって予め規定された形態の制限を受けてはいる。だが，それだけではなく，「表情」には素質によって規定されえないものが同化している。そ

れは，先天的な素質を基盤としつつも，やはり後天的に獲得されたものである。

それでは，この「表情」に現われているものは何であろうか。それは，その人の一時的な，あるいは持続的な内面の，つまり「心」の内実である。

だが，この「心」もまた「タブラ・ラサ（tabura rasa）」ではなく，遺伝的な素質によって規定されている。ところが，その内実を成す，たとえば感動であるとか，幸福感であるとかといったことまでが，予め決定された素質の現実化である，と考えることはできない。そのような内実が生じるためには，外部との関係が必要である。というのは，何に感動するのか，何に幸福を感じるのかといったことは，素質のうちには存在しないからである。

> この事象の一切には「世界」が，それゆえに外部から個人に話しかける力が，副次的な仕方ではなく関与している……。(GC. 19)

したがって，心の内実は，先天的な素質によって規定されている心とそうではない世界との関係において後天的に生じる，ということになる。

そして，その内実には，当然その人の「『主体的な』要因」が関与している。もしそうでなければ，外部からの「話しかけ」に対する，その人なりの受け止めや受け答えとしての内実は生じえないからである。

こうして，この内実は，その人の人生の「歴史（Geschichte）」として，持続的な外観，つまり「人相（Physiognomie）」を形成することになる。人相もまた先天的なものを基盤としつつも，後天的なものであるということは，経験的に知られていることである。これもまた心の内実とともに表情に現われるものである。

リットは，この形成過程への外部の関与を，生物学的理解における

それと区別して,「運命（Schicksal)」と呼んでいる。この概念を用いることによって,彼は「外部」という概念から因果的な「作用」の表象を遠ざけようとしている。というのは,彼によれば,運命は「本質を規定する力で個人の現存在に介入するもの」(GC. 20) を意味するが,生物学的な理解において締め出される,個人の自己性や自立や自由といった概念を排除しないからである。それどころか,それはそれらの概念を強固に基礎付ける,と考えられている。

運命という概念と自由という概念は,相互に分離されえない。(GC. 20)

というのは,内的な内実の感動や幸福感がそうであったように,自己の本質形成が可能であるためには,外部からの働きかけとともに,それを受け止め,それに答える自己の主体的な関わりが欠かせないからである。この主体的な関与を表わす概念が自己性や自立や自由である。

したがって,意識的・意志的存在者である人間に生起した出来事だけが「運命」と呼ばれるのにふさわしいということになる。それに対して,変更できない存在形式と,同様に変更できない環境の構造とに拘束されている,つまり自然の命令に盲目的に従う動物に何が生起しようと,それを「運命」と呼ぶことはできない,ということになる。たとえ人間がなす術もなく,自然の定めに翻弄されようとも,その自己の置かれた状況を意識できるならば,その出来事は人間にとって運命である。というのは,意識において最低限ではあるが,自己性や自立や自由が人間には保たれているからである。この説明は,パスカルの『パンセ』の有名な箇所（ブランシュヴィック版347）を想起させる[1]。

そして,リットは,この自己の本質形成を可能にする外部世界との関係を「出会い」概念で表わしている。したがって,彼によれば,自己生成の秘密は,遺伝か環境かではなく,また遺伝も環境もでもなく,「出

会い」である，ということになる。

3．出会いと他者

　リットは，自己に出会うものについて次のように述べている。
　　私に「出会う」ものは，問われもせず理解もされずに私を単に差し
　押えるであろう粗野な－事実的なものとは何か別のものであり，そ
　れ以上のものである。それは，判読されることを望む顔を私に向け
　る。すなわち，それは，私に話しかけて応答を強く求める。そこで
　始まることは，意味のある充実を求める関係である。(GC. 21)
　自己に出会うものは，自己の外部にある世界であるが，それは，単な
る事物や事象ではない。それは「顔」をもち，「話しかける」ものであ
る。これは単なる比喩的な表現ではなく，出会いの原初的体験を如実に
表わしている言葉である。すなわち，人間は最初に「私と同じような者
(meinesgleichen)」(「共同存在者 (Mitwesen)」，「同胞 (Mitmensch)」)
と出会うのである。人間は最初に同じような存在者にその表情と言葉で
話しかけられるのである。心理学でいうところの「相貌的知覚」が根源
的知覚なのではなく，相貌をもった者との出会いが根源的なのである。
　もちろん，人間に出会うのは，同じ人間だけではない。人間に出会
い，その本質の形成や変化に大きな役割を果たすものとして「人間の精
神の作品」，「道徳的な知らせ」，「政治的な，あるいは社会的な救済論」，
「宗教的な予言」，「仕事」，そして「自然」が挙げられている。しかし，
人間とそれらの出会いの多様性を貫いている根本的特徴は，やはり人間
と人間の出会いに見られると，彼は考えている。それゆえ，比喩的な意
味を越えて，人間以外のものも「まるで生ける助言者か，援助者か，あ

るいは誘惑者のように」（GC. 22）話しかけてくるし，また「まるで心のある警告者か，あるいは敵対者のように……襲いかかる」（GC. 23）こともある，ということになる。

　そして，この「話しかけ」は「私のもっとも固有の自己（ureigenstes Selbst）に訴える呼びかけ（Anruf）」であり，「私は……私のもっとも個人的な意志の中心から……その呼びかけに意味のある応対で答える」（GC. 21）のである。それゆえ，この関係は，同等の者同士の対話的関係であって，一方的な強制とそれに対する服従の関係を意味するものではない。その応答は，あくまで自己の自己性と自由に基づいた能動的な行為である。

　　私を求めるものが私に「作用し」うるのは，私が精神的な受胎の用意ができていて，それに開かれていて，それに私への入場を許し，その呼びかけによって心を動かされ，そしてそれに意味に適った同調的な応答（Antwort）で充実を与えるという条件と前提のもとでのみである……。（GC. 23）

　しかし，言うまでもないことであろうが，呼びかけに対する応答が自己の自己性や自由に基づいた行為であるといっても，また出会いによる本質の形成や変化が自己のうちで生起するといっても，この出会いの全体を自己にのみ帰することは，当然できない。というのは，呼びかけるものは自己の作り出した仮象ではないからである。それは，あくまで自己とは別の，そして自己と同じように自己性や自立や自由を有する「他者」でなければならないからである。出会いには，この意味での，すなわち自己とは別の独立した存在者（自己と「異なったもの（ein anderes）」）としての他者の他者性が不可欠である。他者は，私の根源的な自己のうちには含まれていなかったし，予定もされていなかったものとして私に出会うのである。

他者は，私の現存在領域に根源から属していたのではなく，むしろそれ独自のものやそれ自身に属するものとして私の現存在領域のなかへ押し入る……。(GC. 23)

　だが，他者の他者性の意味はそれだけではない。それには，本質において自己とは異なっている（「異なったあり方をして（anders）」いる）という他者性の意味も含まれている。

　リットはこの「異なっている」ということを二つの意味で考えている，と捉えることができる。一つは，質的に異なっているという意味であり，もう一つは，質的には同じでも程度において異なっているという意味である。前者の意味での他者との出会いは，自己に固有の本質を矛盾に陥れることもあるが，それでもそれとは異なった新たな本質形成や自己の本質（自己性）の強化の可能性を開く，と考えられている。

　私と同じでないものだけが，私がまだそうでないものでありうるし，私に欠けているものをもちうる……。(GC. 28)

　また，後者の意味での他者との出会いは，それが自己より劣っている場合，前者の場合と同様の可能性をもつ。これは反面教師的な意味合いでである。そして，それが自己より優れている場合，もっともよい結果をもたらす可能性があり，このような他者との出会いがもっとも好ましいと，彼は考えている。

　私以上であり，いつか私もそのようになることができると思わせるものを仰ぎ見ることは，私の力を奮い起こして，自己の蓄えからは決して成し遂げることのできなかったであろう成果を私から引き出す……。(GC. 28)

　このような他者性を有する他者との出会いによって自己は，素質的に予め決定されたものの単なる現実化ではない自己の本質を獲得することができるし，また一度獲得した本質の変化を手に入れることができるの

である。

　しかし，そうはいっても，これは結果からのみ言えることである。自己がどのような他者と出会うのかということは，言うまでもなく，自己にとっても分からないことなのである。

　　何も一̇方̇から前もって決定されているのではなく，むしろあらゆることが（自己と他者の）真の対置（出会い）の不確定性において未決定のままにしておかれる……。(GC. 23)

それゆえに，出会いも，出会われる他者も，そして出会いによって可能になる自己生成も，自己にとって「運命」になるのである。この「運命と人格の間の相互作用」を，リットは次のようにまとめている。

　　自我が自らのうちにもって生まれるものは，それが同等の相対者（Gegenüber）との対置のなかへ強いられるがゆえにのみ，そしてその場合にはじめて彼にとって運命になる。……もし相対者がまったく欠けているとしたら，自我は実現されることのない可能性であり続ける。すなわち，それは絶対に自̇己̇の形成を手に入れない。(GC. 61)

ということは，遺伝も素質もそれだけでは自己にとって「運命」にはならないということである。それらは他者との出会いによって自己にとって「運命」になるのである。

　ところで，出会いと自己生成が「運命」になるのは，何も自己にとってだけではない。自己に相対する他者にとってもまたそれらが「運命」になるのである。すなわち，出会いにおいて自己と他者は相互性の関係にある。

　　私とあなたは，お互いに……出会うのであるから，言葉の本来的な意味で，私に「出会う」人間が私にとってまさにそのことで「運命」になり，同様にまた私がその人にとって「運命」になる……。

> われわれ一人一人は，私のうちで彼に，彼のうちで私に新生の助力者の役割を任せる，話しかけと応答での充実の相互作用においてのみ一人一人がなるものになる。(GC. 22)

 だが，そうはいっても，結局は自己も他者も素質としてもっている可能性以外のものにはなれないのではないか，という反論が予想される。出会いで現実になるのは，すでに素質のうちにあったものだけではないのか，というものである。このことに関して，リットは以下のことは認めつつ，ここでの問題の中心を明確にしている。

> これら特定の出会いが運命になったのは，私，すなわちこの特定の人間で，このような性質の人間で，他の人間ではない私にとってである……。(GC. 29)

 しかし，これは否定できない自明なことではあるが，「まったく刺激的ではない確認以外の何ものでもない」(GC. 29) というのである。というのは，このことは，たとえば感動するということを例に取って言えば，感動する能力が素質としてすでに私に備わっているからこそ，感動が起こるのであって，そして感動するのは，他でもない，この私であるということを言っているにすぎないからである。だが，たとえそうであるとしても，ここで問題になっていることは，何が私を感動させるのか，何に私は感動するのかということである。そして，この何かは私の素質のうちには存在しないということ，私の感動を引き起こすのは，私とは異なった他者との出会いであるということが，ここでは重要なことなのである。さらに言えば，素質は他者との出会いなしには，現実化しないのであり，現実化した素質と可能性としての素質は異なったものである。

4．出会いと選択

　出会いが自己にとって「運命」になるのは，第一に「出会われる」という受動性のゆえにであり，第二に自己に出会う「他者」の他者性のゆえにである。この受動性と他者性という点で，出会いは自己の自由な裁量の範囲を越えている。

　だが，出会いに関するすべてのことがその範囲を越えているのであろうか。第2節で明らかにしたように，リットは，出会いの本質的な契機として受動性や他者性の他に，自己の自由に基づく能動性や自己性を考えている。これらは，他者の呼びかけや話しかけに対する自己の理解を伴った適切な応答の根拠であった。

　さらにそれらに，多くの出会いの可能性の間の「等級化」や「選択」の根拠としての意味が加わる。自己の現存在の地平には，多くの可能性としての出会いが現われる。しかし，現実化する出会いはその一部にすぎない。このことに，自己による出会いの等級化や選択が関与している，というのである。

　　　私は，一方を助長して許し，他方を抑圧して拒むことができる。
　　（GC. 24）

　人間には，出会いに関しても，選択の自由がある，というのである。もちろん，この自由は，災いや堕落をもたらす可能性のある出会いを「抑圧して拒む」自由でもあれば，そのような出会いを「助長し許す」自由でもある。このように，彼にあっては，人間的なことに共通に見られる「自由」の概念は，つねにそのような「両義性（Zweideutigkeit）」の意味をもっている。

Ⅴ 出会いと教育

　そして，この出会いに関して人間に選択の自由があるということは，自己が出会いによる本質の形成や変化に能動的に関与しうる可能性を有しているということを意味している。

> 人間の現存在が自らを形作り，人間の運命が実現するのは，実際の出会いにおいてのみならず，また可能な出会いの間の選択においてである。(GC. 25)

それゆえ，出会いがどのような結果をもたらそうと，出会いの受動性や他者性を盾にして，自己の責任を免れることはできない，ということになる。

　それでは，自己の本質形成にとって重要な意味をもつ出会いの選択に，明確な基準はあるのであろうか。すなわち，自己の本質形成にとって救いや助成をもたらす出会いを選ぶ「尺度」や，それを吟味する「試金石（Kriterium）」はあるのであろうか。

　これに関して，西洋的な思考における一般的な考え方は，それらを自己の本質のうちに見出そうとするものであると，リットは指摘する。すなわち，それは，肯定されるべき出会いと否定されるべき出会いは自己の本質に従って区別することができる，というものである。

> 「本質に合っている（dem Wesen gemäß）」出会いが受け入れられて，大事にされ，「本質に合っていない」出会いが拒絶されて，避けられるべきである……。(GC. 25)

それゆえ，この考え方では，自己の本質を的確に把握することが大切である，ということになる。

　しかし，自己の本質は変わらずにあるわけではない。それは出会いで変わるのである。自己はある特定の他者との出会いにおいてはじめて，それ以前にはなかった自己の本質を獲得するのである。出会いが自己にもたらすものは，出会い以前には自己のものではなかったものであり，

出会い以前から変わることのない本質の単なる確認では決してないのである。したがって，自己の本質を変える可能性のある出会いの選択の基準を，変わる以前の本質に求めることはできない，ということになる。自己の本質を的確に把握し，それを基準や試金石にして，出会いを選択することはできないのである。

> ここでは，利益も損失も予め与えられた基準の目盛りに即して読み取られえない。(GC. 27)

また，もし自己に固有の本質やすでに自己のものとなった本質にのみ固執して，それに合ったものとの出会いのみを選択するとしたら，どのようなことになるであろうか。そのような出会いは，私の本質に欠けていて，しかも必要なものを私に気付かせることはないし，ましてそれを求めることを私に迫ることもないのである。

> 同じ現存在形式が一度，あるいは幾度か反復して示されることによって，何かある価値が保証されるということは，否定されなければならない。同様に，この多数の同じものの反復において訂正や変化の必要なものが見えてくるということもない。(GC. 27)

このような出会いは，私に安らぎを与えることはあっても，私を高めることはないのである。自己は，自己だけを，あるいは本質において自己と同等の者だけを手掛かりにしていては，自己の成長も成熟も手に入れることはできない。

> 私は，私自身を神聖化して「私の本性（Art）に合って」いるものについてだけ知ろうとすることによって，原則的に私に一致するものの狭さのなかへ私を入れる。(GC. 27)

リットによれば，これは「自己退縮に等しい『自給自足』」(GC. 28)である。それゆえ，自己の成長や成熟を望むのであれば，自己の本質という基準や尺度から外れたもの，つまり他者の他者性との出会いを選択

Ⅴ 出会いと教育

することが必要である。他者の他者性は，自己の本質に関する修正や変化の必要性や，いかなる点での必要性かということを私に意識させる。

　私がより豊かになり，より成熟しうるのは，その存在の内実がもともと私の財産に同化させられていないものに関わってだけである。
(GC. 26)

　リットが，自己発展は自己欺瞞であるというのは，このような意味においてである。

　だが，自己の本質という基準や尺度から外れたものとの出会いの選択には，そうでないものとの出会いの選択と違って，危険が伴いがちである。もちろん，どのような選択においても，その結果は両義的であり，危険を伴うものではある。人間は，選択の意図とは別に，選択の結果の不確定性に，すなわち選択の結果が救いにも，あるいは災いにもなりうるという「両義性」に晒されている。しかし，ここでの危険は，新たな可能性に賭けることに伴う，選択自体に関わる危険である。というのは，この危険は，自己の本質に満足して，他者の他者性との出会いを回避すれば，避けることができるからである。

　したがって，選択の基準や尺度は，自己の本質に合うか，合わないかではなく，自己のあり方に合うか，合わないか，すなわち自己が新たな可能性を望むかどうかである，ということになる。

　この他者の他者性との出会いは，一種の賭けである，ということができる。それは，下手をすると，それまでの自己の本質さえ損いかねないものである。だが，自己には，それまでの本質を賭けなければ，新たな本質の形成という儲けはないのである。

　私は，「私に合った」，すなわち私に救いをもたらし，私の役に立ち，助けになるものを，それとの掛かり合いになる（出会う）以前に確かめることはできない。……出会いはすでに保証付きの地盤

129

（Boden）のうえでは起こらず，むしろ地盤が出会いにおいてはじめて作られることになる。(GC. 29)

そして，以上の意味で，「人間は繰り返し『岐路に』立つ存在者である」(GC. 25) ということになる。

それでは，新たな可能性に賭けて選択をする自己に必要な態度とは，いかなるものであろうか。リットは，逆説的ではあるが，次のように述べている。

> 私が……成長しうるのは，私がそれとの出会いにおいて，それが私自身の尺度に可能な限り一致することを見出そうとするのではなく，むしろ，それ自体から理解されて，それ自体として取られることを望むもの（他者）への快くする没頭において，私の尺度や要求を完全に忘れる場合だけである。(GC. 29)

すなわち，新たな可能性を求める自己のあり方を尺度にして，出会いの選択がなされるとしても，一旦それがなされたならば，今度はその自己の「尺度や要求を完全に忘れて」，他者との出会いに，つまり他者の他者性に「没頭すること」，しかも能動的にそうすることが必要である。この没頭において自己は失われているのではなく，自己も他者も前面から退いて，新たな自己と他者がそこから生じてくる出会いという地盤が前面に出ているのである。

ここに，自己生成のすべての条件を自己の内部にのみ見出そうとする近代の主観主義や独我論に対する，リットによる克服の表現を見て取ることができる。

5．おわりに

　この節では，これまで見てきたリットの「出会い」概念の特徴をまとめ，さらにそれに関する問題点を検討して結論としたいと思う。
　一般的に捉えられる「出会い」概念においては，「出会われる」という受動性や，「出会い」の不可避性という意味での運命的性格といった意味合いが強いように思われる。
　これに対して，リットの「出会い」概念では，その受動性や運命的性格といった意味とともに，それらの対極にある能動性や選択的性格といった意味が強調されている。その能動性は，他者からの話しかけに対する自己の自己性に基づく受け止めや，自己の理解を伴った適切な応答に見られた。また，その選択的性格は，他者との出会いに自己の新たな本質の獲得を求める自己のあり方を基準にした，出会いの等級化や選択に見られた。そして，この能動性や選択的性格のゆえに，自己は，出会いの受動性や運命的性格を盾に，出会いによって可能になる自己の本質の生成や変化に対して，責任を免れることはできない，ということであった。
　このような傾向は，彼にあっては，「出会い」概念に限ったことではなく，「運命」概念にもあてはまることである。「運命」もまた自己性や自立や自由に基づく人間の主体的な関わりがなければ，その意味を成さないというのが，彼の考え方であった。たとえその関わりが「意識」という最低限の関わりであってもである。それゆえ，「運命」は，人間にしかふさわしくない概念として位置付けられていた。
　だが，その反面，「自由」にも，「出会い」にも，「両義性」の意味が

含まれていた。すなわち，それは，救済も堕落も選べる「自由」であり，その出会いの結果もまた不確定であって，救済の可能性も堕落の可能性もある，といったものであった。この不確定性も，彼の「出会い」概念を構成する重要な要素の一つである。

次に，「出会い」が生じるうえで不可欠の契機として，自己と他者の同等性を挙げることができる。他者は「私と同じような者」として自己に出会うのである。それは，私と同じように，顔をもち，表情と言葉で私に話しかけるのである。それは，私と同じように，その自己性や自立や自由に基づいてそのようにするし，私の話しかけに対しても，それらに基づいて受け止め，その理解を伴った応答を私に返すのである。それゆえ，自己と他者の出会いは，一方から他方への命令や伝達に見られる従属的な関係ではなく，同等の者同士の対話的な関係であった。この対話的性格もまた，彼の「出会い」概念の重要な構成要素である。

また，リットは他者を人間だけではなく，人間以外のものも含めて考えている。とはいえ，人間以外の他者との出会いの根本的特徴は，基本的には人間と人間の出会いに見られる，と考えられ，この人間同士の出会いが人間にとって原初的なものである，と位置付けられていた。

そして，同等性とともに，「出会い」概念に不可欠の要素として，他者の他者性が忘れられてはならない。出会いが運命的であるのは，出会われるという受動性の他に，やはり他者が自己とは別の独立した存在者であるという他者性と，他者が自己とは異なったあり方をしているという他者性のゆえにであった。

さらに，彼の「出会い」概念の重要な要素として，同等性や対話的性格の他に，相互性を挙げることができる。これは，話しかけと応答に関して自己と他者が相互依存的で，しかも互換的であるという意味での相互性と，出会いを通して自己と他者がともに自己生成するという意味で

の相互性である。後者に関して換言すれば,出会いにおいては一方だけが他方にとって運命になるのではなく,お互いがお互いにとって運命になるという意味での相互性である。

 以上の結果,リットの「出会い」概念の特徴をまとめると,それは,受動性と能動性,運命と選択,自己性と他者性,同質性と異質性といった対極的な概念で捉えられているということと,その性格が同等性,対話的性格,相互性,不確定性といった概念で表わされているということになる。

 最後に,その「出会い」概念に関して問題点のいくつかを検討して,この章を閉じたいと思う。

 その一つは,他者の他者性に関してである。リットは,本質において自己より劣っている者よりも優れている者との出会いの方が自己の本質形成にとってよい,と考えていた。だが,劣っているか優れているかは,出会い以前には分からなかったのではなかったのか。また,出会う一方が優れているとすると,他方は必然的に劣っているということになってしまい,その相互性は崩れてしまうのではないのか。

 これらのことを考える手掛かりとして,子供と親,生徒と教師の出会いを取り上げることができる。一般的には,親や教師が優れており,子供や生徒が劣っている,と位置付けられるので,それらの出会いは,後者にとってより価値がある,と考えられている。しかし,それらの出会いにおいては,決して子供や生徒だけがその本質の形成や変化を手に入れるわけではない。親や教師の本質の形成や変化にとっても,それらの出会いが大きな役割を果たしている。すなわち,親や教師もまた,その出会いを通してはじめて親や教師になるのである。

 このことをどのように理解したらよいのであろうか。一つは,子供や生徒の本質の形成や変化と親や教師のそれらとの間には,やはり質的な

違いがあり，リットと同じように，前者にとっての方がより価値があるという理解の仕方である。もう一つは，子供と親，生徒と教師は，お互いになるものになるのであり，しかもこれを可能にしているのは，彼らの本質の限られた側面ではなく，本質を含めた，彼らの存在の全体での出会いであるので，それゆえその全体に関してどちらが優れているとも，劣っているとも言えない，というものである。私としては，後者の方を採りたいと思う。

　ちなみに，上述のことに関して，リットには，人間がその本質において劣ったものから優れたものへと至るという進歩史観や発達史観といった考え方があったのではないか，と指摘することができる。

　次に問題にしたいことは，リットは出会いの原初的な契機として，他者における自己との同等性を挙げてはいたが，出会いが有効に作用しうるのは，やはり他者における自己との異質性である，と考え，同質なものの反復には価値がない，と述べている点である。

　だが，われわれの日常的な生活を省みるとき，自己と同じようなもののもつ同質性が与えてくれる安らぎが何にも代えがたいものであるということに気が付く。しかも，この安らぎがあればこそ，自己を高めてくれる可能性のある異質なものとの出会いも受け入れることができるのではないであろうか。

　また，同質なものの反復にしても，子供の生活を見ると，子供のもっている異質なものへの好奇心の強さや，異質なものとの出会いのもっている子供の成長にとっての意味や価値を見逃すことはできないが，同様に，同じことの繰り返しのもっている意味や価値も否定できないということに気付く。しかも，これは，別に子供に限ったことではなく，大人にとっても同様である。

　それゆえ，他者における，自己との異質性に対する同質性と，同質な

ものの反復の正当な位置付けが，リットの「出会い」概念には必要である，と考える。

　次は，「出会い」概念における能動性の強調に関してである。すなわち，この概念においては，やはり能動性よりは受動性の方が意味としては強いのではないか，ということである。これは，「出会い」概念だけではなく，「運命」概念に関しても同様に言えることである。そして，このように能動性を強調するあまり，リットは受動的性格の強い「出会い」をあえて問題にする必要がなくなり，その結果，自己と他者の「出会い」を含む形でそれらの「交わり（関係）」を問題にすることになったのではないか，と考える。

　問題点の最後は，出会いの選択の基準に関してである。出会う以前の自己の本質は，出会いの選択の基準にはならない。基準があるとすれば，それは，出会いを通して新たな本質形成をもくろむ自己のあり方である，ということであった。だが，自己のそれまでの本質がまったく役に立たないということではない，と考える。というのは，もし自己の本質をまったく捉えていないとしたら，自己の本質形成を可能にすると思われる，他者の本質の異質性も把握しえないということになるからである。やはり，出会う以前の自己の本質の把握は出会いの選択に不可欠である。ただし，その把握は，他者の他者性との出会いによる新たな本質形成によって，容易に越えられてしまうものである。したがって，もし自己のそれまでの本質やあり方の他に，出会いの選択の基準があるとすれば，逆説的な表現になるが，それは，自己の基準や要求によって選択されたにもかかわらず，それらを完全に忘れさせる他者，あるいはそのような他者との出会いであるということになる。

　以上，『ドイツ精神とキリスト教』に依拠して，リットの「出会い」概念とそこに見られる弁証法を考察してきた。ちなみに，そこで描かれ

ている人間像は，1939年の『プロテスタント的な歴史意識』でキリスト教的な，とくにプロテスタント的な人間像として示され，そしてさらに1939年の半ばに最初の草稿が完成した『人間と世界』で体系的な哲学的人間学として展開されている。

註

(1) リットは，『人間と世界』（*Mensch und Welt*, 1948. 2. Aufl., 1961）のなかで，その箇所を引用して，自らの考えと一致すると述べ，その考えを次のようにまとめている。「人間は，まさに悲惨であるが，しかし，人間は，悲惨な人であるだけではなく，また自らを悲惨な人であると知っ・・ているので，偉大である」（MW. 250）と。

VI 自己認識と教育

1．はじめに

　リットは，初版が1938年に出版された『人間の自己認識』(*Die Selbsterkenntnis des Menschen*) の第Ⅰ章「問題状況」のなかで，当時のドイツ人の精神的な状況について次のように述べている。

　　前代未聞の諸運命の圧力下で，諸々の個人的な心的苦悩は，かつて存在しなかった度合いに達している……。(SM. 10)

　ドイツは，第一次世界大戦と敗戦，ヒトラーの率いる国家社会主義ドイツ労働者党の台頭，そしてその政権獲得によって，政治的，経済的，社会的，精神的に未曾有の混乱の時代を迎えつつあった。

　このような時代状況のなかで，ドイツ人は個人として，ドイツ人として，さらに人間として，その存在の自明性に関して，それまでにないほどの喪失感を味わうことになった。

　リットをして「自己認識」の問題に向かわせた大きな理由の一つは，このような歴史的状況であった。

　　反省は——個別的現存在においても全体的生においても——素朴に，疑いなく信じられていた現実の「意味」が疑わしくなり始め，しかも，それに相応する形で，その意味によって抱かれ，それによって正当化されていると感じていた自我が自己自身を，すなわちその自我の存在と行為の正当性を信じられなくなる時点でこそ，つねに始まる……。「自己理解（Selbstverständnis）」は，存在の「自明性（Selbstverständlichkeit）」が失われる場合に，求められる。(SM. 8)

　だが，そのような歴史的状況だけが彼をして自己認識の問題に向かわ

せたわけではない。この問題は，ソクラテス以来，哲学における根本問題の一つであった。ソクラテスがデルポイの神殿の破風に刻まれていた「汝自身を知れ」という言葉を彼の中心的な思想と結び付けて解釈したということは，あまりにも有名な話である。

　リットもまた，この問題は，自己認識が人間存在の本質を成すがゆえに，歴史を越えた普遍的な問題である，と考えていた。

　　人間は，自己自身についての知を手に入れて，そのような知の力
　　で，自己自身の生成に介入する……。(SM. 11)
このように，彼は，つねに歴史的な時代状況に触発される形で思索しているが，決してその特殊性に留まることなく，そのうちに普遍性を，より厳密に言えば，特殊性と普遍性の弁証法的な関係を見出そうとしている。

　ちなみに，『人間の自己認識』は，1939年の『プロテスタント的な歴史意識』，1942年の論文「生けるものの領域における人間の特殊な位置」とともに，国家社会主義的なイデオロギーの人種理論や歴史解釈に対立する哲学的人間学を展開している。それらで展開された人間学は，1939年の半ばに最初の草稿が完成し，初版が1948年に出版された『人間と世界』で，さらに体系的に扱われている。

　また，この『人間の自己認識』で取り上げられている人間の認識や学理論の問題は，とくに1923年の『認識と生』，1926年の『個人と社会』第三版の「方法論的序論」，1928年の『科学，教養，世界観』，1933年の『哲学入門』，1941年の『精神科学的な認識の構造における普遍』，そして1948年の『思惟と存在』で扱われている。

　以上のように位置付けられる『人間の自己認識』改訂第二版（1948年）をテキストとして，次節では，リットの自己認識についての考え方を他者認識との比較を通して明らかにする。そして，第3節以降では，

この自己認識の問題を手掛かりにして，教育における自己認識の問題とそこに見られる弁証法について考察する。

ところで，どうして自己認識の問題を教育と結び付けて考察するのかと言えば，自己認識は変化それ自体であり，自己生成という出来事であるといったリットの考え方が，教育を広い意味で捉える際の人間形成の問題にあたるからである，と答えることができる。そこでは，自己生成としての教育にとっての自己認識のもつ形成力が語られている。また，この問題は，学校教育といった狭い意味での教育にとっても中心的な問題である。学校教育においては，他者認識にしろ，自己認識にしろ，確固とした認識を被教育者に得させることが目指されている。その際，他者認識は，最終的には他者を認識する自己の認識として，自己認識に関係付けられることが重要である。そして，この自己認識を通して，被教育者は自己形成することになる。

2．他者認識と自己認識

リットは，『人間の自己認識』において，「特殊な個人の，個別的な人間の自己認識」から「人間一般，人間全般の自己認識という，もっとも包括的な意味での自己認識」まで射程に入れて，自己認識の問題を扱っている。(SM. 6) それゆえに，そのなかには，個人的な「反省（Reflexion）」としての「自己省察（Selbstbesinnung）」から，心理学や深層心理学の求める「自己探究（Selbsterforschung）」，そして共同体の一員としての「自己理解」や「類的存在としての人間の把握」，さらには哲学的人間学の得ようとする「人間についての『本質理論』」まで含まれている。(SM. 6)

VI 自己認識と教育

ただし，共同体や人類の一員としての自己認識といっても，それは，具体的な個人を離れて，普遍的なものとして存在するのではなく，あくまで個人において現実化されることによってのみ存続しうると，彼は考えている。

このような理由から，リットはこの問題を扱う方法として，「この認識の努力の具体的な主体として活動している『自己（Selbst）』」(SM. 6) という，もっとも制約された，それゆえもっとも見渡しやすい現存在の領域に即して，そこから一歩一歩，より広い，そしてもっとも広い領域へと進む方法を採る。(SM. 11f.)

その際，自己認識をより鮮明に浮かび上がらせるために，「他者認識（Fremderkenntnis）」との比較という方法が採られる。他者認識は，「本来的な意味での『世界』，すなわち認識する主体の『外部に』見付け出されうるものの総体」を対象とし，自己認識は，「『内部に』，すなわち認識する主体のうちに現存し，進行すること」を対象とする。(SM. 5) この比較は，対象，内容，そして方法に関してなされる。

その結果，対象に関しては，以下のことが明らかになる。

他者認識においては，主観と客観は完全に分離されていなければならない。そして，主観が客観を，すなわち，認識作用が対象を変化させてはならず，対象はあるがままに把握されなければならない。

> 認識は，何といってもまさに，対象が「即自的に（an sich）」，すなわちそれが認識されることから独立の状態にあるように，対象を把握しようとする……。(SM. 16)

> それ（対象）は，認識作用が求めるか，あるいは避けるかにかかわりなく，それがそうであるものであり，それがそうであったものであり続ける。(SM. 16)

これに対して，自己認識においては次のようになる。自己認識も認識

である以上，主観と客観の分離,「認識する自己と認識されるべき自己の根本的な分裂性」(SM. 18) を要請される。だが，ここでは，認識するのも認識されるのも同じ自己であるので，主観と客観は同一であるということ〔「自己分離における自己同一性（Selbigkeit)」(SM. 19)〕になる。

> たとえ自己認識の行為において主観と客観が分離されようとも，他者認識とはまったく異なってここにおいては，この自己分離によって，主観と客観が一つにされていて，一つにされ続ける同一性（Identität）からは少しも遠ざけられない。(SM. 19)

ということは，自己認識は，他者認識とは違って，対象である自己をそのままにしておかない，ということである。それは対象を変化させることになる。

> もし私がまさにそのように，そしてまったくそのように私を見ていなかったとしたら，私は，私がそうであるものではなかったであろう。(SM. 23)

ただし，この言い方は，認識が原因で，変化が結果であるかのような誤解を招く恐れがある。だが，どちらが原因でも結果でもない。リットは，自己認識は変化それ自体である，と言う。そして，これが「自己生成」という出来事である。

> その思考的な行為の遂行において自我に起こる生起（Geschehen）は，同時に，そのまなざしが向けられる存在者に関して生じる生起であり，その存在者のうちで生じる生起である。(SM. 20)

それゆえ，対象の性質ということで比較すると，他者認識の対象は，その属性がいかに変化しようとも，その実体としては変化せずに持続するということで，対象としての同一性を保つ，と想定されているのに対して，自己認識の対象である自己は，全体として「変化において維持さ

れ，維持において変化する」(SM. 33)ということになる。この変化としての不連続性に対して，維持としての連続性を，リットは過去の自己の想起，現在の自己の確認，未来の自己の先取，そしてそれらの自己の見渡しといった能力として捉えている。(SM. 30)

次に，内容に関しては以下のようなことが明らかになる。

他者認識の認識内容の妥当性は，認識内容と対象との，あるいは認識内容と，対象に関する事実（データ）との一致の度合いによる。

それに対して，自己認識は，変化（自己生成）それ自体であるがゆえに，それらの一致の度合いに依拠して，その妥当性を問題にすることはできない。ここには，認識内容〔自己の「本質－像（Wesens-Bild）」(SM. 40)〕が吟味されるべき基準としての客観的事実は存在しない。

一見，そのような役割を果たすように思われる「行為（Tun）」とその「成果（Leistung）」(「動作（Handlungen）」，「業績（Taten）」，「作品（Werken）」等)も，認識内容の「保証（Sicherung）」や「制限（Schranke）」にはなるとしても，客観的事実にはなりえない。というのは，それらは，それらの「動機（Motive）」や，それらが根差している「自己の全体性（Totalität）」に関する「自己解釈（Selbstdeutung）」を抜きにして，確定されることはないからである。つまり，それらもまた自己認識の対象なのである。それゆえ，それらも，自己認識によってはじめて「分節化した明白さ（Gliederungsklarheit）」(SM. 45)を獲得するものなのである。

したがって，たとえ過去の行為やその成果といっても，それらは，他者認識の事実（データ）のように動かせない事実〔「死んだ事実（totes Faktum）」(SM. 47)〕ではない。それらが自己によって新たに解釈され，理解されることによって，それまでの自己の像は補完されたり，補正されたり，あるいは反証されたりすることになる。そして，この自己

の像が将来の行為やその成果と結び付くのである。ここでは「絶えず前進しようとする一つの生曲線（Lebenskurve）の一部として古いものと新しいものを結び合わせる統一」(SM. 47) が支配する。

このように，他者認識においては，認識内容と，対象に関する事実との一致の度合いが問題であるのに対して，自己認識においては，そのような度合いではなく，自己形成の原動力としての自己認識の有する意味が問題である，ということになる。

そして，この原動力がもっともよく発揮されるのは，「つねに新たに自らを単純化して，統合する場合」(SM. 49) であると，リットは考えている。

最後に，方法に関しては以下のようになる。

他者認識は，その典型を自然科学に見ることができるが，その方法は，個別的で特殊なことから，より普遍的なことを経て，きわめて普遍的なことへと至る「帰納的な普遍化（induktive Verallgemeinerung）」(SM. 64) の方法〔「普遍化する帰納法」(SM. 76)〕である。これは，普遍化する認識主観から完全に切り離されていて，個別的な即自の世界に属している対象に対してのみ用いることができる方法である。

ところが，自己認識の対象である自己には，主観－客観－同一性ということから，普遍化する認識主観もまた当然含まれている。つまり，認識主観の対象としての自己には，特殊と普遍が共に属している。

> 客観は，主観がまさにこの個別的なものとしての客観に向かう瞬間に，単に個別的なものであることをやめる。……それ（普遍）は，発端においてすでに，最初の問いにおいてすでに――主観のうちにと同様に，客観のうちにも――現在している。(SM. 67)

だが，「特殊と普遍の内的な共属性」(SM. 82) は，そのような意味だけではない。自己は，その生成の初期の段階からして特殊性とともに

VI 自己認識と教育

普遍性を有している。すなわち，人間は，ヒトとして生まれ，家庭や社会といった共同体のなかに入り，その共同体の有する生活様式や言葉を我が物とすることによってはじめて，自己に，共同体の一員に，そして人間になる。個体としては個別的な存在として生まれてくる人間も，共同体とその文化の有する共通性や普遍性の働きによってはじめて，全体的存在として個性のある個別的な自己に，人間になる。

> それ（個人の個性）は，その（精神世界の）共通性の要素に浸ることによってだけ，自己自身について知っていて，それゆえ自己自身のうえに立脚している個性になる。(SM. 56)

そして，個別的な自己の自己省察も，共通性や普遍性を有する言葉によってはじめて可能になる。

> もし形式へ固定された精神（言葉）が私のうちで支配的にならなかったとしたら，私は一度も自己省察という道を採らなかったであろう。(SM. 52)

したがって，このように特殊と普遍が共属している自己の認識には，普遍を後回しにする他者認識の方法は，ふさわしくないということになる。この共属性を捉える方法として，リットは「弁証法的方法」を考えている。

ただし，ここで注意しなければならないことは，この弁証法は普遍を超個人的な実体とは考えていない，ということである。普遍性の担い手は，あくまで具体的な個人である。超個人的な普遍性が個人的な自己生成に一方的に介入するかのように考えられてはならない。普遍性が自己生成に関与しうるのは，それが自己の個別性や特殊性と結び付いたときだけである。そして，それゆえにこそ，自己の個別性や特殊性も抽象化されることなく守られるのである[1]。

以上のことを，リットは「言葉」を例に次のように述べている。

145

> もし私がこの精神（言葉）を理解し，活性化し，再生して，私の個人的な生と完全に一つにならせなかったとしたら，この精神は，一度も私のうちで支配的にならなかったであろう。(SM. 52)

　ということは，見方を変えれば，共通性や普遍性についての理解は，諸個人の理解や活性化や再生によって多様になる可能性がある，と言える。そして，これらの多様な理解の間には対立の生じる可能性もある。しかし，もし多様な理解の間に対話が成立するならば，それは，共通性や普遍性の理解の継続的形成の契機になると，リットは考えている。

　このように，彼の弁証法は，個別的な自己の有限性の立場に立ちつつ，そこで支配的な特殊と，それを越える普遍との間の対立を鮮明にして，対象の全体に迫ろうとするものである。そして，この特殊のうちに普遍を捉えようとするのが，彼の哲学の方法である「現象学的な構造分析の方法」である。したがって，自己認識の方法は，彼の教育学と哲学の方法である「現象学から弁証法へと至る」方法ということになる。

　そして，この方法は，最終的に，他者認識によって得られる知の性質と，自己認識によって得られる知の性質を明らかにする。

　前者の普遍化する帰納法によって求められる知識は，「『比較級の普遍性（komparative Allgemeinheit）』についての知」(SM. 74) としてつねに補完され，訂正される可能性のある，相対的な知識である。リットは，これを「一次的な知（Wissen ersten Grades）」(SM. 78) と呼ぶ。これは，その本質や有効性や限界についての「二次的な知（Wissen zweiten Grades）」(SM. 76) ではない。この二次的な知は，普遍化する帰納法によっては得られないものである。

　それに対して，後者の自己認識の求める知識は，自己を，その自己の属する共同体を，そして「人類（人間性）（Menschheit）」を対象とする限りでは，相対的で一次的な知識であるが，それを越えて二次的な知

識にもなりうる。というのは，自己認識は，主観−客観−同一性ということから，認識主観に関わる認識作用の条件や可能性や限界（これらは一次的な知の条件や可能性や限界ということでもあるが）についての二次的な知もまた，その客観の本質を構成しているからである。

したがって，自己認識の求める知識は，内容的に限定された相対的な知であるとともに，この相対性についての二次的な知でもありうるという点で，単に相対的な知ではないのである。この単に相対的ではない知によって，自己はその本質である個別性や特殊性という「有限性（Endlichkeit）」を越えるのである。

> 自らの「有限性」を反省し，自らの「有限性」について知っている人は誰でも，たしかに彼の自己本質（Selbstwesen）からそれを削除してしまってはいないが，しかし彼の自己知（Selbstwissen）においてそれを超越してしまっている。(SM. 83)

弁証法の「止揚」を，リットはこのように理解している。

そして，この相対的な知は，二次的な知との内的な共属性が明らかになることによってはじめて，確固とした知になる。すなわち，自己についての，この自己の属する共同体についての，そして人類（人間性）についての内容的に限定された相対的な知は，この相対性についての限定されない知との内的な共属性の解明によって，確かな知識になる。ここに至って，彼の弁証法は終わる。このように，リットの弁証法では，最後まで特殊と普遍の共属性は解消されない。

3．認識と自己

前節で明らかにしたように，自己認識は変化それ自体であり，自己生

成という出来事であると，リットは考えている。ということは，自己生成を人間形成というもっとも広い意味での教育として捉えるならば，そこでは，自己生成としての教育にとっての自己認識のもつ形成力が語られている，と見ることができる。その際，自己は，全体として変化において持続し，持続において変化する存在として，特殊と普遍が共属している存在として，認識が本質を成している存在として，あるいは，自己の本質である個別性や特殊性といった有限性を自己知によって越える存在として捉えられている。

　だが，教育という視点で考察するということになれば，この自己存在を改めて問題としなければならない，と思われる。というのは，教育にとって，教育的行為の対象をどのような存在として捉えるのかということは，大きな問題であるからである。

　前節では触れなかったが，リットは，自己認識の対象である自己に関して，次のような対極を成す二つの考え方を退けて，自己を全体として変化において持続し，持続において変化する存在と規定している。

　退けられたうちの一方は，われわれの被ることや行なうことのあらゆる変化の背後にあって，これらを統一する不変化の持続体〔「人格 (Persönlichkeit)」とか「心的実体 (Seelensubstanz)」とか「構造 (Struktur)」とかといった「あらゆる人間の個人的本質の不変の核 (Kern)」(SM. 13)〕を想定する考え方である。これは，他者認識の対象である事物世界で支配的な図式，すなわち截然と分離された，変化する属性と持続する実体という図式に依拠するものである。

　だが，この考え方は，自己省察が自己の「可変性 (Veränderlichkeit)」を前提にしてなされるということから，自己認識の対象である自己の理解には転用することができないと，リットは主張する。

　　人間は，自己自身を認識するものとして，認識しようとする努力の

なされている間，変わりえないであろう対象に関わり合っているのであろうか。(SM. 13)

もう一方は，「自我の限りない可変性」(SM. 15) という考え方である。これは，自己が日々，あるいは極端な言い方をすれば，瞬間瞬間変わっていくものであり，またある時点においても様々な自己が，場合によっては相互に矛盾し合う自己が共存している，というものである。この考え方の代表的な思想家として，リットはモンテーニュ (Michel de Montaigne) を挙げている。(SM. 29)

これに関して，たしかに自己は矛盾や対立を抱え込んでいる，それどころか，自己はそれらを生き抜くことによってはじめて真の自己になると，リットは考えている。

> 自我の生が真の生であるのは，それが「自らを」，まさに本来的に自己自身を運動のなかへ投げ込み，矛盾をさえ自己の究極的な深部のなかにまで受け入れ，それに耐え，そしてそれと戦い抜くという理由からのみである。(SM. 33)

しかし，このような場合でも，上述の考え方とは異なって，持続としての自己同一性は排除されないと，リットは考えている。というのは，自己の日々の変化や，様々な，場合によっては矛盾したり，対立したりし合う自己の共存ということを言いうるためには，それらの自己を同じ自己として見渡すということが前提とされなければならないからである。彼は，この見渡す能力によって保たれる自己同一性と，矛盾や対立をさえ生み出す変化との関係を次のように述べている。

> この存在者は，変化を自らの外に保っているのではなく，むしろ自らのうちに実現させる，その「自己同一性」をその生成において守る場合にのみ，自己である。(SM. 34)

こうして，「変化において維持され，維持において変化するのは，同

じ全体である」(SM. 33)。

　以上のように，リットは教育の対象である自己を捉えている。そして，この全体のうちには，当然「認識する自己」も含まれている。言うまでもないことであるが，この自己は，他者も自己も認識するし，他者を認識する自己も自己を認識する自己も認識する。この自己と認識との関係に関して，自己認識は，主観－客観－同一性ということから，変化それ自体であり，自己生成という出来事であった。

　だが，そうであるのは，自己認識に関してだけなのであろうか。すなわち，認識に他者認識も含めて，認識は変化それ自体であり，自己生成という出来事である，ということにはならないのであろうか。たしかに，他者認識が他者認識である以上，その対象と内容から自己が排除されるのは当然であり，それゆえ他者認識自体は自己に変化をもたらさない，ということは理解できる。しかし，他者を認識しようとする自己，つまり認識主観としての自己は，変化し，自己生成しているのではないであろうか。

　このことに関して，リットは直接的には言及していない。だが，他者認識の一次的な知と自己認識の二次的な知の比較の箇所から推察するに，他者を認識する自己も，たとえ自己の全体的存在から切り離されて，認識主観という形で点的存在へと収斂されているとしても，やはり認識する自己として自己を構成している，と言える。したがって，自己認識ほどではないにしろ，しかも特殊な形ではあるにしろ，他者認識もまた，変化それ自体であり，自己生成という出来事である，と考えることができる。

　こうして，自己は，他者認識も自己認識も含めて認識がその本質を構成している存在として捉えられる。ただし，その場合，一次的な知と二次的な知の関係のように，他者認識の自己は，この自己を認識する自己

VI 自己認識と教育

の認識という形で自己の全体のうちに位置付けられることが必要である。というのは，次のような理由からである。

　自己認識は，……精神の本質の全体がそこで究極的な規定性へと自らを統合するところのその可能性である。(SM. 11)

以上のことを学校教育に関係付けて述べれば，そこにおいては，他者認識にしろ自己認識にしろ，自己生成である認識が目指されるわけであるが，その際，他者認識は，認識の主体としての自己の次元でにしろ，認識の求める知の次元でにしろ，最終的には自己認識という形で統合されなければならない，と言える。具体的に言えば，自然科学教育において，科学的認識の主体としての自己は，それ以外のあり方をしている自己の全体に関係付けられなければならないし，その認識で得られる知は，この知を可能にする二次的な知や，全体的な自己についての単に相対的ではない知に関係付けられなければならない，ということである。

ところで，自己存在に関して，深層心理学の知見に基づいて，自己の全体を「意識（Bewußtsein）」と「無意識（Unbewußte）」として，認識を意識として捉える考え方がある。この捉え方において深層心理学は，他者認識における主観と客観の分離という表象に依拠して，意識という表層と無意識という深層を分離している。そして，これらの関係に関しても，他者認識に倣って，存在しているが自らを意識していない，つまり即自の状態にある無意識を，意識が認識するということで，以下のように説明される。

　光（意識）は，暗い縦穴（無意識）のなかへ差し込んで，その内容を，その実存の事実と状態においてとにかく変質させることなしに，照らす。この光によって照らされるものは，それがまだ照らされていなかったときとまったく同じように，すでに「そこに」あったし，たとえそれが照らされなかったとしても，その場合もまった

151

く同じように「そこに」あるであろう。(SM. 18)

　だが，リットは，このユング（Carl Gustav Jung）に代表される深層心理学の「成層（Schichtung）」理論を，「それ自体で存在する無意識の深層はない，……同様にそれ自体で存在する意識の表層もない」(SM. 26)と批判する。彼は，意識と無意識の関係は「交差（Verschränkung）」として，次のように理解されなければならない，と言う。

　　深層（無意識）は，光（意識）が生産的にそれを受胎する場合にはじめて，形態を分娩し，そして，光は，光のないもの（深層）にぶつかることによってはじめて，光になる。(SM. 26)

　それゆえ，無意識の認識（意識と無意識の関係）は，意識が無意識を単に写し取るとか，無意識に掛けられた覆いを取るとかといったイメージで捉えられてはならないのである。それも自己生成という出来事として理解されなければならない。

　そして，その際，無意識はつねに認識（意識化）される以上である，ということを忘れてはならない。

　　それが呼び出す深淵は，その呼びかけのもとで現実になるよりも限りなくはるかに多くを可能性という点で蔵している。(SM. 26)

　このことを自己の全体と認識の関係に戻して言えば，自己の全体はつねに認識を越えている，ということである。それゆえ，自己認識は，そして自己生成は，終わりのない継続的な試みによってのみ可能になる。以上のような存在として教育の対象を捉えることは，教育者が当然踏まえておかなければならないことである，と思われる。

4. 特殊と普遍

　前節では，教育的行為の対象としての自己がどのような存在であるのかということを，認識との関係で明らかにした。この節ではさらに，自己が特殊と普遍の共属している存在であるということに関して，教育的観点から考察する。

　特殊と普遍の共属性ということですでに明らかになったことは，自己が認識作用を本質とする存在である，ということであった。すなわち，自己は，認識の主体として，他者をであれ，自己をであれ，自己の個別性や特殊性を越えた，共通性や普遍性を有する形式や概念や範疇で認識する，ということを本質とする存在である。

　このことはまた，自己はその共通性や普遍性のゆえに，自己の個別性や特殊性に囚われた孤立した存在ではなく，自らの属する共同体や人類をも含めた他者との関係を，自らのうちに抱いていて，しかも自らによって再生産する存在である，ということを意味する。(SM. 58) そして，自己がこのような存在であるのは，自己が生成する存在であり，この生成に，言葉に代表される「共通精神（Gemeingeist）」の共通性や普遍性が大きな役割を果たしているからである。すなわち，個体としては個別的な存在として生まれてくる人間も，家庭や社会といった共同体のなかへ入り，その生活様式や言葉を我が物とすることによって，つまり共同体とその文化の有する共通性や普遍性の働きによって，はじめて全体的存在として個性のある個別的自己に，人間になるのである。

　以上のことはそのまま，自己生成に関わるもっとも広い意味での教育について語られている，と受け取ることができる。そして，このことか

153

らまず，教育とは，被教育者を共同体の有する共通性や普遍性の要素に浸らせるということであり，その生活様式や言葉を被教育者の物にさせるということである[2]，と言える。

　ただし，その際，共通性や普遍性といったものは，具体的な個人を離れて，超個人的な実体として存在するのではなく，個人によって担われることによってはじめて存続しうるものである，ということであった。それゆえ，それらと被教育者との出会いは，親にしろ，教育者にしろ，あるいはそれ以外の人にしろ，具体的な個人を介して生じるのである。もちろん，共通性や普遍性を有する文化財といったものが個人を離れて，物として客観的に存在するということも事実である。しかし，そういった物といえども，具体的な個人の媒介なしに，一方的に被教育者に働きかけるということは考えられない。被教育者にとって，それらを媒介してくれる個人の働きが大きい，と言えよう[3]。

　さらに，共通性や普遍性が自己生成に関与し，その力を発揮するのは，それらが自己の個別性や特殊性と結び付いたときだけである，ということであった。このことに関して教育に，そして教育者に対して言えることは，言い古されてきたことではあるが，被教育者の個別性や特殊性の尊重ということであろう。教育は，被教育者の個別性や特殊性を無視した，共通性や普遍性の一方的な押し付けであってはならないのである。

　また，共通性や普遍性に関しても，それらは個人の個別性や特殊性に結び付くことによってのみ継続的に再生され，創造的に維持されるということを，教育者も被教育者も忘れてはならない。

　そして，次に問題になることは，これは被教育者の側での問題ということになるが，どのような形で共通性や普遍性を自己の個別性や特殊性に結び付けるのか，ということである。リットは，この結び付け方につ

いては直接述べてはいない。しかし，それに関係すると思われる箇所を強いて探すならば，形式へ固定された精神（共通精神）を「理解し，活性化し，再生して，私の個人的な生と完全に一つにならせる」（SM. 52）と述べている箇所がある。この「一つにならせる」ということは，自己の個人的な生の体験とその精神との一致を図る，ということであろう。そして，このようなことは一挙に成し遂げられるわけではなく，それらとの不一致の溝を徐々に埋めていく継続的な試みによってのみ可能になるのである。

このことを，その精神のなかで代表的な言葉を例に採って，しかも教育ということで学校教育における国語教育を念頭に置いて考えてみると，言葉の単に表面上の理解（このようなことは実際はありえないことかもしれないが）ということではなく，言葉を自己の個人的な生の体験に照らしての理解，あるいは言葉を自己の体験の表現に用いることによっての理解ということになろう。つまり，その教育は，体験と表現と理解を結び付けた形での言葉の教育ということになる。

そして，そうであるとすると，国語教育は単に国語の教育ということに留まらない，ということに気付く。リットは，われわれが自己省察をするのは，言葉がわれわれのうちで支配的になる場合だけである，と述べているが，このことを国語教育と結び付けて考えるならば，国語教育は，自己省察によって可能になる生活指導に，そして広い意味での人間形成に結び付いている，ということになる。というのは，生活指導は，被教育者に日常生活の自覚を促したり，反省を求めたり，そしてとくに被教育者が自己の存在と行為の意味を見失い，自らの生活に行き詰まったときに，被教育者自身が自己省察と自己生成によってそのような状態から脱却できるように，側面から援助することを目指すわけであるが，そのような場合に，被教育者にとって大きな力になるのが，自己省察と

自己生成を可能にする言葉であるからである。それゆえ，国語教育は，単なる国語の教育ということを越えて，自己理解と自己生成にまで広がっている，と考えるべきであろう。しかも，そのような射程で捉えられてはじめて，その教育は本来の意味を成す，と言える[4]。

そして，このことは，国語に限ったことではなく，国語以外の教科にも通じることであると思うし，そうあるべきであると考える。

5．教育評価と教育目的

この節では，教育評価はあくまで教育の目的を実現するための手段であるべきであって，それ自体が目的であってはならないという，教育評価の本来の姿を，自己認識の内容に関する箇所を手掛かりに確認したいと思う。

他者認識には，その内容が導出され，そして吟味されるべき客観的な事実がある。それに対して，自己認識には，そのようなものはない。一見，そのような役割を果たすように思われる行為やその成果も，認識内容の保証や制限にはなるとしても，他者認識でのような客観的事実にはなりえない。というのは，行為とその成果には，動機があるはずであり，その動機も自己の全体性のなかに根差しているがゆえに，動機や自己の全体についての自己解釈が必要になるからである。しかも，行為やその成果は，他者認識の事実のように動かせない「死んだ事実」ではなく，その動機や自己の全体を含めた，それらの理解的解釈によって，将来の行為の動機や自己の全体を形成することになる，ということであった。

以上のことから，教育評価という点で言えることは，以下のことであ

VI 自己認識と教育

る。

　評価には，たしかにその保証や制限を与えるものとして，行為やその成果の観察や試験を欠くことはできない。微分方程式を解くことができるか，外国語のテキストを翻訳することができるかといったことは，やらせてみれば一目瞭然である。

　だが，そのような行為やその成果についての観察結果や試験の成績の提示だけで，評価が終わるわけではない。目的の手段という観点からは，その観察や試験の結果についての解釈と，それのその後の学習指導への活用が不可欠である。

　しかも，それ以上に被教育者にとって欠いてはならないことは，被教育者を学習に向かわせる動機と，その成果を測る手段としての試験に向かわせる動機についての，そしてその動機が根差す自己の全体についての被教育者自身による解釈的理解である。もちろん，この解釈は，被教育者による自己解釈であって，教育者がそれに近付くことはかなり難しいことではある。まして，当面の評価という点では，それは問題にはならないし，教育者が問題にすべきことではないかもしれない。しかし，それは，教育の目的ということに照らして見るならば，教育者が当然念頭に置いておかなければならないことである。

　たとえば，試験でよい成績を取ることが，将来の選別に都合のよい学校に入りたいという動機からなのか，学習それ自体が自己の全体に動機付けられた学習であって，その結果がよい成績になっているのかということでは，やはりかなりの違いがある。前者のよい学校への合格が目的である場合は，結果だけで終わりということにもなりかねない。もちろん，その結果が次の試験のためにという学習の動機付けになることはあろう。しかし，試験には必ず終わりがある。それゆえ，そこでは，合格か不合格かということのみが最終的な問題である，ということに変わり

はない。それが一時先に延ばされているにすぎない。

　それに対して，後者では，学習それ自体が自己の全体に動機付けられた学習である以上，試験の結果がよかろうと悪かろうと，その結果の解釈的理解は，次の学習の動機付けになる。ここでは，よい結果についての知は新たな学習の動機付けになるし，悪い結果についての知はそれを補う学習の動機付けになる。

　このことは，そのような自己知が継続的な自己生成に関わっているということを意味する。もちろん，この自己知における継続的な自己生成も最終的には，自己によって越えられない有限性に行き着くことになる。しかし，有限性について知ることは，そのことによって，単に自己の有限性に留まっているのではなく，それを越えている，ということであった。したがって，そこまで行き着くことが教育には当然期待されているということになる。このことは，教育の目的としても留意されなければならないことである。

　最後に，リットの自己認識の問題と関連して，教育の目的について言及しておきたいと思う。

　教育目的を彼の認識の問題から導出すると，それは最終的には，「自らを個別化する」（SM. 63）自己生成，人間形成ということになろう。そのために，教育においては，被教育者に他者認識にしろ，自己認識にしろ，確固とした認識を得させることが要求される。

　リットの他者認識と自己認識の知の比較の箇所に戻って考えてみると，他者認識の知が相対的で一次的な知であるのに対して，自己認識の知は，そのような知であるとともに，この知についての単に相対的ではない二次的な知でもあった。教育の目指す認識もまた最終的には，この二次的な知であることを求められるのではないか。しかも，他者を認識する自己であるにしろ，自己を認識する自己であるにしろ，認識作用の

VI 自己認識と教育

主体としての自己を含んだ自己の全体の認識が目指されるのではないであろうか。

そして，他者認識の知も，この自己にとってどのような意味をもつのかということで，やはり自己に結び付けられなければならないのではないか，と考える。

繰り返しになるが，以上のことを学校教育ということでまとめるならば，そこで目指される認識は，生活指導においてはもちろんであるが，教科学習指導においても，最終的には自己認識として，自己に関係付けられるべきである，ということになる。

そして，このようにしてはじめて，自らを個別化する自己生成は，学校教育において可能になる。ただし，この自己は，既述の通り，狭い意味での孤立した自己ではなく，自らの属する共同体や人類を含めた意味での他者との関係を，自らのうちに抱いていて，しかも再生産している自己である。つまり，特殊と普遍が内的に共属している弁証法的な存在としての自己である。

註

(1) ここに，リットのヘーゲル弁証法批判〔リットはヘーゲル弁証法の欠陥が「普遍と特殊の弁証法」における「特殊の損害」にあると批判している（IG. 378）〕と，リット自身の弁証法の特徴〔「きわめて厳密な普遍の形式で特殊を保障しようとする」弁証法（IG. 378）〕を見ることができる。

(2) ここで展開されていることは，リットの初期の頃の「文化教育学」ですでに示されている。ちなみに，1921年の論文「教育学」ではまだ「精神科学的教育学」が「文化教育学」として理解されていた。（W. Klafki, *Die Päädagogik Theodor Litts*, 1982. S. 22）

(3)　この媒介過程は，クラフキーがリット弁証法の特徴の一つとして指摘した，「三項的」あるいは「三者の間での」媒介過程としての弁証法である。(W. Klafki, ibid. S. 413)
(4)　以上のことは，国語教育と歴史教育との間にも成り立つ。すなわち，リットにとって歴史教育は，被教育者に歴史的な自己省察を成立させ，それに伴う歴史的な責任を自覚させることであるが，この自己省察は，国語教育によってはじめて可能になる。そして逆に見れば，国語教育は，単に国語の教育を越えて，歴史的な自己省察を可能にする歴史教育にまで広がっているのである。ちなみに，リットには，1916年の「歴史教育と言語教育」という論文がある。また，歴史的な意識と歴史的な責任の問題を扱ったものには，とくに1918年の『歴史と生』，1939年の『プロテスタント的な歴史意識』，第二次世界大戦後の1946年の講演「歴史と責任」，1948年の『歴史的な思惟の正道と邪道』，1950年の『歴史の前の人間』，1956年の『歴史的な意識の再覚醒』等がある。

VII 自然科学―科学技術―産業社会と教育

1．はじめに

　第二次世界大戦後のリットの関心は，概ね四つの問題に向けられていると言える。その一つは，歴史的意識と歴史的責任の問題，二つ目は，民主主義と政治教育の問題，三つ目は，自然科学と科学技術によってもたらされた産業社会における人間存在と人間形成の問題，もう一つは，職業教育，ないし専門教育と一般教育の問題である。

　この章では，三つ目の問題を，『自然科学と人間形成』(*Naturwissenschaft und Menschenbildung*, 1952. 2. Aufl., 1954)，『ドイツ古典主義の陶冶理想と現代の労働世界』(*Das Bildungsideal der deutschen Klassik und die moderne Arbeitswelt*, 1955. 6. Aufl., 1959, zitiert nach Kamps päd. Taschenbücher, Bd. 3, 2. Aufl.)，『技術的な思惟と人間的な形成』(*Technisches Denken und menschliche Bildung*, 1957) に依拠して，取り上げることにする。そして，この問題との関わりで，四つ目の問題にも言及したいと思う。

　ちなみに，前二者の問題は，歴史的な意識と責任に根差した，民主主義と政治教育の問題として，次章で扱うことにする。

　さて，上述の一連の著作で，リットは，現代の産業社会における人間の自己疎外的な問題状況を生み出した原因を，近代の自然科学の自然に対する関わり方にまで遡って明らかにしている。彼は，一方では，現代の科学技術と産業社会，そしてそれらを可能にした自然科学を，人間精神のもたらした偉大な所産として位置付け，それらの主導力を「事象 (Sache)」の論理で説明するが，他方では，その限界を明らかにし，その越権行為に人間疎外の原因を求めている。すなわち，人間が，事象の

Ⅶ　自然科学－科学技術－産業社会と教育

論理と，それに対立する人間の論理の「二律背反（Antinomie）」を見失い，事象の論理にのみ従って，人間の論理を締め出そうとするところに，現代社会の危機的状況があると，彼は考えている。

したがって，彼によれば，そのような状況からの脱却のためには，まず，その「二律背反」を「自己省察」（「反省」）によって意識化する必要があり，さらにそのための教育が必要である，ということになる。

ちなみに，この教育に関する問題は，職業教育と一般教育の問題，専門教育と一般教育の問題と結び付いている。これらの問題を扱った戦後の著作には，1947年の『職業教育と一般教育』，1958年の『職業教育，専門教育，人間教育』等がある。ただし，リットにとってこの問題は，戦後に特有の問題ではなく，初期の頃から継続したものである。

ところで，そのリットの疎外論を，ヘーゲルやマルクス（Karl Marx）の疎外論との関係で見ると，以下のようになる。

ヘーゲルは『精神現象学』（*Phänomenologie der Geistes*, 1807）で，「疎外（Entfremdung）」概念を絶対精神の自己展開の契機として捉えていた。この展開過程は，絶対精神の自己の本質の「外化（Äußerung, Entäußerung）」，「対象化（Vergegenständlichung）」の段階，外化され，対象化されたものが自らにとって「疎遠に（fremd）」なり，そこに「対立」が生じる段階，そしてこの「疎遠に」なったものを自らの本質として受け入れる，つまり「対立」を「止揚する（aufheben）」段階から成っている。この「外化・対象化」と「疎遠化」が，ヘーゲルの「疎外」概念の意味である。ヘーゲルは，「外化・対象化」と「疎遠化」をどちらも区別なく，自己展開の契機としていた。

そして，この「疎外」概念はその後，その弁証法とともにフォイエルバッハ（Ludwig Andreas Feuerbach）を介して，若きマルクスによって批判的に受容されることになった。マルクスは『経済学・哲学草稿』

(*Ökonomisch-philosophische Manuskripte*, 1844）で，類的存在としての人間の本質の「外化・対象化」を労働として，その生産物が労働者にとって「疎遠な」ものになることを，労働者の自らの労働と生産物からの「疎外」として捉え，ヘーゲルでは区別されていなかった「外化・対象化」と「疎遠化」を区別し，後者のみを「疎外」とした。そして，その際マルクスは，その「疎外」の原因を歴史的，社会的に特殊な資本主義の生産関係に帰し，「疎外」の克服をその関係の現実的な止揚に求めた。

　リットもまた，ヘーゲル疎外論の受容のもとで，ヘーゲルでは区別されていなかった「外化・対象化」と「疎遠化」を区別し，後者のみを「疎外」としている。この点で，リットは，マルクスと同様である。だが，マルクスが「疎外」の原因を資本主義の生産関係に帰し，その克服をこの関係の現実的な止揚に求めているのに対して，リットは，「疎外」もその克服も人間の自己意識の問題とする点で，絶対精神と人間精神の違いはあるにしろ，ヘーゲルの疎外論に直接負うところが大きい，と言える。

　ただし，リットにおける「対立」には，ヘーゲルの止揚される「対立」ではなく，カントに倣って，止揚しえない，人間の本質に根差した「対立」，つまり「二律背反」という意味が強く現われている。もちろん，ヘーゲルの「止揚」概念にも，対立的な意味が含まれていないわけではない。しかし，リットは，その対立的な性格をより明確にした。ここに，ヘーゲルの絶対精神に対して，人間精神の有限性に留まるリットの立場を見て取ることができる。

　この章の目的は，とくにこのリットの疎外論に見られる弁証法を明らかにすることにある。

2. 現代と疎外

　現代において「自然科学－科学技術－産業（Naturwissenschaft-Technik-Produktion）」は，人間にその想像を絶する「進歩（Fortschritt）」をもたらした。だが，それにもかかわらず，人間はその進歩に対して分裂した感情を抱くようになってきている。これは，それらが，そしてその進歩が人間精神の所産であるにもかかわらず，人間の手を離れて主体性をもち，逆に人間にそれらへの従属を強いているかのような印象を与えているからである，と考えることができる。このことを，リットは次のように述べている。

　　一方では，われわれは，その進歩が現実性を獲得するのは，われわれ自身の研究や工夫や計画や行為によってであるということを知っている。その進歩は，もしわれわれがそれを押し進めることをやめるならば，間違いなく途切れるであろう。しかし，他方では，われわれは，まるでわれわれがわれわれの意識の介入において，われわれの解釈的な理解でもってますますどうにもならず，われわれ自身によって惹起された出来事の背後に取り残されているかのような感情を押さえることができない。われわれ自身が生じさせた諸事物（Dinge）が，われわれの手から滑り落ちて，われわれがわれわれの諸々の説明や解釈や推測でもっては及びえない固有の生（Eigenleben）を展開する。（BKA. 74）

　彼は，この「固有の生を展開する」ように思われる「自然科学－科学技術－産業」の主導力を「事象」という言葉で表現している。

　そして，この「事象」が人間の主体性を奪い，人間を隷属させる姿

を，次のように記している。

> 「事象」の出現は，たしかに……人間の精神にとって外的で疎遠なものの侵入によって引き起こされた人間の精神への暴行ではない。逆に，この「事象」を苦心して作り出すことは，きわめて偉大できわめて感嘆すべき人間精神の業績に属する。しかしながら，このことは，ひとたびこの研究の原理が発見され，この研究の道に足が踏み入れられたならば，思惟的な努力の継続が，それに関与する諸個人の自由な算定と自発的な動機に従ってではなく，思惟する精神がいずれにせよそれと関係を結んでしまった事象の不可避の論理に従って決定される，という事実に関して何も変えない。(BKA. 15f.)
> 現代の世界は，……人間たちを，その構造がその諸根本特徴において事象の命令によって規定され，それゆえ個々人に事象からのみ，しかも個人への配慮によってではなく，規定されている労働量を求める，労働構造のなかへ強制する……。(BKA. 139)

このような「事象」が主導権を握った産業社会において，人間は，他の人間に対する関係も疎外されることになる。

> 原則上限りない数の人間たちが，分業という形で組織された同一の生産過程に関与することによって，きわめて緊密に相互に結び付けられている。しかし，彼らを相互に結び付けるのは，直接に，すなわち人間から人間への繋がりで樹立される関係ではなく，間接に，すなわち同じ事象への義務によって成立する同一の労働連関のなかへの組み入れである。彼らは，比喩的に言うと，お互いに直視するのではなく，それぞれがばらばらに事象に目を向ける。(BKA. 139)

ところで，主体性を失い，事象への従属を強いられているのは，工場の生産労働者だけではない。それは，多かれ少なかれ，すべての労働者にあてはまることである。(TDM. 82, BKA. 36) それどころか，産業社

VII 自然科学―科学技術―産業社会と教育

会を頂点で支えている経営者たちも同様の状態に置かれていると，リットは指摘する。

「進歩」は，表面上頂点を維持する人々にさえ道筋を指定する。(BKA. 36)

彼らもまた，組織を支配している事象によって動かされているのである。(TDM. 82f.) そして，実は自然科学者も科学技術者も同様に，事象によって動かされている。彼らもまた，新たな発見や開発に日夜駆り立てられている。

また，一般の人々は，事象に支配された「自然科学―科学技術―産業」の恩恵を受けていながら，それらに対して分裂した評価を下している。そのような自然科学に対する対立的な評価を，リットは次のように述べている。

自然科学は，一方では，まったく盲目的な崇拝にふさわしいと思われているが，他方では，心を破壊するものや災いをもたらすものとして追放される……。(NM. 14)

そして，自然科学や科学技術は，それらの成果にもかかわらず，その人間形成に果たす役割に関しても否定的な評価が一般的である。

自然科学は，理論的な発見と実践的な応用の絶えざる増大において公認され，その自己証明の諸形式によってあらゆる疑念に対して超然とし，われわれの外的な生存の維持と促進にとってまったく欠くことができず，われわれすべての中心に，ほとんど疑いえないほど重要な事実としてある――しかし，この科学を，人間そのものとの，すなわちその内的な形成に責任のあるものとしての人間との，明確で説明可能な関係のなかへもたらすことは，たぶん成功しないであろう。(NM. 13f.)

それは「人間の内的な世界の拡張に寄与する」(NM. 13) とは，そし

て「その他の形成的な精神的諸力の一切に結び付く」(NM. 13) とは考えられていない。

　といって，以上のような評価の安易な解消は，かえって疎外的状況を深刻なものにすると，リットは指摘する。彼は，そのような誤った解消の仕方を，ロマン主義的傾向と科学万能主義的傾向に見ている。前者は，「自然科学－科学技術－産業」の主導力である「事象」の論理を排除して，それと対立するロマン主義的な人間の論理を重視しようとする傾向である。それに対して，後者は，事象の論理に絶対的な信頼を寄せ，それでもって最終的には人間的な問題をも解決しようとするものである。

　これらはどちらにしろ，リットによれば，事象の論理と人間の論理の解消不可能な対立，つまり「二律背反」を，不当にも解消しようとしている，ということになる。

　　一方は，……二律背反を本質と由来の点で誤解している。他方は，
　　……二律背反を消し去ろうとしている……。(BKA. 127)

　それでは，どのようにすれば，以上のような疎外的状況から脱却できるというのであろうか。彼は，そのためには，まず「究極の諸根底にまで突き進む自己探究」(TDM. 3) が，そしてそれによって，この問題に絡み付いている諸偏見を取り除くことが必要である，と考えている。より具体的には，それは，近代の自然科学の構造を規定している諸原理に遡る探究によってなされる。(NM. 7) というのは，彼によれば，次のような理由からである。

　　その科学は，ひとがその諸問題と諸方法から考えられうる限り遠く
　　隔てられていると思うところですら，人間の心を変える精神的に大
　　きな力になってしまっている。(NM. 7)

3．事象とは何か

　近代以降の自然科学が生み出した「事象」が，自然科学と科学技術を結び付け，さらにそれらと産業を結び付けて，「自然科学－科学技術－産業」の三幅対を可能にし，現代社会を規定する力になった。まず，この自然科学が生み出した「事象」とは何かということを，リットは近代自然科学の諸原理に遡って明らかにしている。
　リットは，自然科学によって事象化されていない自然と人間の関係を次のように記している。
　　どんな場合でも，自然は，人間に対して，その生存に無関心な部外者の抑制的態度を守ったことはなかった。人間は，自然から話しかけられているのを知っていたし，自然によって挑戦されているのを知っていた。それは，人間を自然に結び付ける真の生の関係であった。この生の関係が持続する限り，人間は，自然によって承認され，その存在が確認され，その価値が評価されている，と感じることができる。自然は，人間を押しつぶすときですら，人間を顧慮している。なぜならば，自然は，人間と優劣を競うことをはねつけないからである。(BKA. 135)
　この自然と人間の関係を，人間と人間の人格的な関係と同様に，リットは「交わり（Umgang）」と呼んでいる[1]。
　そして，この「交わり」における自然と人間について，彼は次のように述べている。
　　交わりにおいて人間に出会う自然は，「彼の」自然，すなわち，まさに彼に，いや彼のみに，つまりそうであって，他ではありえない

性質の個人に，自らを与えることができるような自然であった。自然によって，人間は，この唯一の人間として話しかけられている，と感じることができた。自然のなかで，人間は，この唯一の人間として保証されている，と気付くことができた。(BKA. 93f.)

ところが，リットによれば，近代の自然科学の出現がこの自然と人間の関係を一変させることになった，というのである。そして，それには，近代の自然科学が「数学的な自然科学」であったということが大きな役割を果たしている。(BKA. 22)

近代の自然科学は，自然を徹底的に数量化し，そして数学的な関係に還元して，理解しようとした。その結果，自然からは，「あらゆる質的な多様性」が失われることになった。

この企ては，徹底的な脱質化（Entqualifizierung）の企てである。(BKA. 22f.)

そして，これは，人間にとっては「徹底的な脱感覚化（Entsinnlichung）」(BKA. 23) であった。

そしてさらに，それは，それと出会う人間がそこから様々な意味を汲み取ることができた自然の多様性の喪失であるので，「意味の空洞化（Bedeutungsentleerung）」(BKA. 23) であった。

こうして，近代自然科学の対象としての自然は，その時々それと出会う具体的で特殊な人間に対して見せていた様々な表情を失って，つまりその時々の具体性や特殊性を失って，誰に対しても同一である，抽象化された自然になった。

だが，このように近代の自然科学が自然を数学化することによって生じた変化は，自然の側の変化だけではなかった。このことによって，実は人間の側にも変化が生じている。それは，心身の統一体としての全体的存在から，自然を数学的に認識しようとする主観への変化である。

> 個人に出会う世界が「事象」の構造に変わるために，個人が遂行しなければならない諸思惟行為は，個人自身を，つまりこの諸思惟行為の主体を，この任務がいまだ遂行されていなかったときに個人がそうであった状態のままにしておくことはない。自己は，世界の形態を変えながら，自己自身の形態を変える。(BKA. 84)

> 世界の相のみならず，人間自身も，人間がもはや感覚的な形態として世界を自らに作用させるのではなく，思惟され，認識されるべき客観として世界を査証することによって，ある他のものになる。(NM. 38)

この自然の数学化によって失われる自然の質的な多様性や感覚的な多様性，そして意味の多様性は，人間がその心身の全体を通して，つまりそれぞれの個性を通して自然と関わることによって，はじめて生じるものであった。

> 人間は，自然を感覚的で－意味のある質の多様性としてはっきり思い浮かべうるためには，自然からその身体的－心的な全体性 (Totalität) において話しかけられていなければならない。そして，その全体性における人間は，その個性における人間と一致する。(BKA. 23)

ところが，数学的自然科学の学問的性格がそのような全体性や個性を排除することになったのである。

> 数学は，普遍妥当なものの学問の典型である。普遍妥当なものは，思惟する存在者すべてに区別なく妥当するものである。それゆえ，それに人間が関係付けられるのは，個人として，つまりその一回性においてではなく，むしろその普遍性において思惟する主観として，つまり「純粋な」思惟の主観としてである。(BKA. 23f.)

このように，自然の側の「徹底的な脱質化」，「徹底的な脱感覚化」，「意

171

味の空洞化」には，人間の側の「徹底的な脱人格化（Entpersönlichung）」(NM. 39)，「徹底的な脱個人化（Entindividualisierung）」(BKA. 24) が相関的に対応しているのである。

そして，これらの変化は，たしかに否定的印象を拭えない。だが，自然の数学化は，否定的側面に尽きるものではないと，リットは考えている。

> 一面から見るなら，この過程は空虚化の過程である。「交わり」にその親密さや多彩さや印象深さを与えるあらゆるものが失われる。しかし，その代償として，その精密さや射程によって，交わりから獲得されうるあらゆるものを凌駕するのみならず，とりわけそれがその普遍妥当性によって思惟する存在者すべてに妥当する知(Wissen)であるということによって，新時代を画する，自然についての知が得られる。(BKA. 24)

こうして，人類は，自然に関して，いつでも，どこでも，誰にとっても共通に成立する，観念的ではあるが，普遍的な知識を獲得することになった。

> 自然は，数学化を通して感性から解放されることによって，非感覚的な「純粋な」思惟によってのみ把握されうる観念的な形態を受け取る。(BKA. 24)

そして，その結果，その普遍的な知識は，自然との「交わり」のうちにあった諸限界を越えることになったのである。

> 「純粋な」理論はある主観によって展開されるが，その主観は，扱われうる対象領域の測定において，この対象領域と実践的に関係を結ぶことがその任務に属さないので，特定の諸限界の内部に自らを保つわずかな理由ももたない。(BKA. 29)

だが，このことは，理論を実践から切り離してしまったということを

意味しているのではない。たしかに、純粋な理論は交わりにおける実践からは分離された。しかし、この理論は、新たな科学技術という実践と結び付くことになったのである。

> 当該の転換は、理論と実践の統一を解いたのではなく、むしろ保持している……。(BKA. 26)

この理論に移された自然、つまり「事象」が、科学技術による実践を可能にすることになる。というのは、その理論は、事象に即して容易に、科学技術の「実践のための理論」(BKA. 30)に、つまり「技術学(Technologie)」(BKA. 31)に転換されるからである。数学的自然科学において「原因－結果」の範疇で捉えられたことが事象に即して、「手段－目的」の範疇に書き換えられるのである。

> 純粋な理論が「実践の理論」に変わるために必要なことは、認識を得ようとする思惟の言葉から行為に向けられた思惟の言葉への書き換えだけである。人間は、上述の移行に取りかかる際は、恣意的な心の動きに従うのではなく、事象の聞き流しえない要求に従うのである。(BKA. 30f.)

このように、事象が自然科学と科学技術を結び付けるのである。だが、それらの関係は、自然科学から科学技術へという一方向的なものではなく、相互的なものである。

> 両者は、お互いとともに、しかもお互いによって発展する。(BKA. 14)

そして、こうして科学技術の実践もまた、自然が被ったと同じように、科学的ではない技術、つまり技工が有していた個別性や特殊性を失うことになる。だが、ここでもその反面、科学技術は、技工の有していた諸限界を越えることになるのである。すなわち、それは、事象を介して観念的な性格を帯びるので、特定の人間、あるいは特定の集団に限定

されることなく，いつでも，どこでも，誰によっても遂行可能な実践になりうる可能性をもつことになる。また，それは，諸機能の分担という形で，多数の人間によって担われる可能性ももつことになるのである。技工においては一人の人間が行なっていたような一体化された思考と実践が，ここでは別々の人間によって担われることになる。しかも，このことは，事象によって保証されているのである。

> 一方の人間の思惟と他方の人間の行為が関わり合っているのが同一の「事象」であるので，個々人は，諸行為の連関に対して責任を感じる必要はない……。連関は，すでに両方で基準となる事象の同一性によって保証されている。(BKA. 27)

こうして，純粋な理論だけではなく，実践の理論とともに，実践もまた，限界を取り除かれることになるのである。(BKA. 32)

それでは，この「自然科学－科学技術」は，どのようにして工業生産という形で生かされることになったのであろうか。それは「労働の分割」，「分業（Arbeitsteilung）」によってである。限界を取り払われた実践の理論に，労働の限りない分割が対応したのである。しかも，ここでも，純粋な理論から実践の理論への変換を可能にした事象が，分業に有意味な組み合わせの保証を与えるのである。それゆえ，分業に従事する労働者は，自らの仕事が生産工程全体のなかでどのような位置を占めているのかとか，他の労働者の仕事とどのように繋がっているのかとかといったことを一切顧慮することなく，その全体のなかに組み入れられることになる。

> 人間は，なぜそのように，しかも他の仕方ではなく行動しなければならないのかを知ることなしに，自らの義務を果たす。(BKA. 28)

ここにおいては，事象の論理に従って労働が組み立てられている。表面的にはどうであれ，結局は，事象が労働者に従うべき指令や規則を与

えているのである。したがって，ここでは，労働者はもっぱら事象の命令に従うことだけを考えていればよい。しかも，労働者が余計なことを考えずに，事象の命令にのみ従う場合に，分業はもっとも効果的に機能することになるのである。

そして，事象化された自然や実践がそうであったように，ここでも，分業化される仕事は，観念的な性格をもつことになる。すなわち，それは，いつでも，どこでも，誰にでも遂行可能な単純作業になるのである。だが，その結果，分業による産業は，それまでの労働が有していた様々な限界を越えることになった。

そして，ここでも，「自然科学－科学技術」と「産業」の関係は，一方向的ではなく，相互的である。

こうして，「事象」を媒介にして「自然科学－科学技術－産業」という三副対の構造が完成することになったのである。

4．事象と疎外

以上,「自然科学－科学技術－産業」を可能にする「事象」について見てきた。この節では，その「事象」と人間の「自己疎外 (Selbstentäußerung)」の問題がどのような関係にあるのか，ということを見ていくことにする。

自然科学，科学技術，産業，これらは，どれをとっても，人間精神の「外化 (Äußerung)」，「対象化」の所産であって，それら自体が人間にとって「疎遠なもの」，つまり「疎外 (Entäußerung)」ではない。たしかに，自然の事象化に伴って生じ，科学者や技術者や産業従事者である人間の側に見られる「脱人格化」や「脱個人化」，そしてその担当者の

代替可能性（BKA. 15）は，一見，人間の疎外された形態であるように見える。しかし，自然の事象化が人間の「事象への意志」（BKA. 96）によってなされている限りでは，それは，そしてそれによってもたらされる事態は，決して人間の自己疎外ではないと，リットは考えている。

> 人間の精神的な緊張の仕方と程度は，人間がその思惟の成果から自らの自己を消し去ることに成功すればするほど，それだけ一層限りなく有効なものになる。事象がますます完全に，ますますはっきりとした形で人間の地平のなかへ入るということは，人間自身の解雇の証ではなく，むしろ人間自身の強力な投入の証である……。（BKA. 87f.）

> 人間を自らに拘束するのは，事象ではなく，自らを事象に拘束するのは，人間の意志である……。（BKA. 96）

このように，事象化は，人間の意志によって，しかも継続的な精神的エネルギーの投入によって，はじめて可能になるのである。したがって，この人間の態度は，人間精神の偉大な態度ではあっても，決して疎外されたものではないのである。

> 何しろ，この自己は，人間を自分自身に縛り付け，自己自身に制限し，自己自身のなかに閉じ込めようとする衝動や傾向や激情の抵抗に対して勝利を収めて，そうして，純粋で普遍的な思惟の機関にまで自らを純化してきたのであるから！何しろ，それは，この上昇でもって，この個別的なものとしての自己にではなく，思惟全般に属する真理を洞察できるようになったのであるから！（BKA. 96）

それでは，どのような状態が人間の自己疎外なのであろうか。それは，科学者や技術者や生産労働者が自らの「事象への意志」の意識を喪失し，「事象への盲目的な隷属」（BKA. 28）の状態に陥ることである。そして，その結果，人間が次のような状態になることである。

事象は，人間を，その人間性（Menschtum）に対して無関心な運動のなかへ，そのうえこの人間性を奴隷化する運動のなかへ幽閉する……。(BKA. 28)

すなわち，それは，人間が「人間性（Humanität）」(NM. 101) に属する「事象への意志」の意識を喪失することによって，事象の論理にではなく，あくまで人間の論理に従うべきである「人間性（Menschheit）」の領域を事象の論理に服させてしまっている状態である。それは，事象の論理と人間の論理の解消不可能な対立である「二律背反」の不当な解消と，事象の論理への不当な一本化である。

ところで，リットはこの「二律背反」の概念[2]を次のように捉えている。(vgl. NM. 101)

われわれは，カント以来，およそその時々の心的，社会的，歴史的な状況の特殊性から生じるのではなく，人間の精神的な本質の根本構造のうちに不変の定数として記されていて——その結果，それが発見され，言表されることがあったとしても，取り除かれえない——人間の生のなかに現われる矛盾を，二律背反と呼ぶ。(BKA. 114)

もちろん，この「二律背反」の不当な解消は，当該の場合と逆の状態を招来する可能性もある。すなわち，それは，事象への意志を抑圧し，事象の論理を否定して，すべての問題を人間の論理で解決しようとするものである。したがって，この状態もまた人間の自己疎外である。

さて，事象の論理の人間の論理への「越境（Grenzüberschreitung）」の問題に戻ると，それは，別に科学者や技術者や生産労働者の仕事にのみ見られるわけではない。それは，一般の人々の日常的な生活や思考にも及んでいる。そこでも「世界の事象化」(BKA. 81)，「人間の事象化」(BKA. 108) が進行している。

自然科学による自然の事象化において中心的な範疇であった「原因－結果」の関係が，世界の現実を捉える唯一の範疇であるかのように思われ，科学技術や工業生産において有効であった「手段－目的」の範疇が，人間関係の領域にまで侵攻してきている。その結果，人間の人格的な「交わり」の相手としての自然は失われ，人間の目的を実現するための手段としての自然，人間の目的に合わせて加工可能な自然のみが自然であるかのように思われている。そして，手段化された自然と同じように，人間までが人格的な「交わり」の相手としてではなく，他の人間の目的のための単なる手段にされることが多くなってきている。(vgl. NM. 34)[3]

　　思惟と行為の技術的な形式が……その血となり，肉となっている時代は，技術的な領域で造り出された「手段－目的」関係を，人間が何を企て，何に取りかかろうと，そのあらゆることがそのもとに入れられるべき思惟と行為の図式と見做そうとする誘惑に容易に負ける。(BKA. 78)

　さらに言えば，このような状況のなかでの最大の疎外は，そのことをまったく意識しないことである。人々をそのような状態にすることに，ある種の「イデオロギー（Ideologie）」が有効に働くと，リットは指摘している。(BKA. 109)

　　それによって，人間を単なる事象従事者へ，つまり「機能分担者」へ脱自化し（entselbsten）ようとする努力は，あからさまに正当化されるか，それどころか神聖視される……。(BKA. 109)

Ⅶ　自然科学－科学技術－産業社会と教育

5．疎外と反省

　それでは，リットは，以上のような疎外的状況をいかにして克服しようとするのであろうか。
　まず確認しなければならないことは，事象それ自体は「疎外」ではなく，人間精神の「外化・対象化」であるので，「疎外」は事象の側の問題ではなく，あくまで人間の側の問題である，ということである。

　　産業社会の中心的な問題は，人間によって生み出されうる事象についての問いのなかにではなく，事象を生み出しうる人間についての問いのなかにある……。(BKA. 142)

したがって，この問題の解決，つまり疎外の克服も，人間の側に属するということになる。彼は，それを「自己省察」(「反省」)によって行なおうとする。その根拠は次のようなことである。

　　自己省察，「反省」は，それが向かうあらゆることを変える，しかもそれが向かうということだけで変える。(BKA. 24)
　　人間が反省することなくあることに没頭してある体験をするか，あるいはその体験をさらに反省的に自己探究の光のなかへ入れるかということでは，まさにかなりの違いがある。(BKA. 123)

人間の自己疎外についての「反省」は，それだけで疎外的状態を変えると，リットは考えている。

　　人間は，思惟することで，この思惟を欠く場合とは異なったものになるし，このことによって，人間について思惟されたことも，それがこの思惟を欠く場合とは異なったものになる。(BKA. 123)

それでは，何が反省されるのであろうか。前節までの考察からすでに

179

明らかなように，それは，事象の論理に対する人間の論理であり，それらの「二律背反」であり，そして事象化された人間と自然の関係や事象化された人間同士の関係に対する，それらの人格的な「交わり」としての関係である。

まず，人間と自然の人格的な「交わり」についてどのように反省されているのかを見ていくことにする。たしかに，自然科学の成果は，厳密で包括的であるという点で，交わりで獲得される経験を凌駕している。科学技術の方法は，信頼でき，広範囲に及ぶという点で，交わりの技工をはるかに越えている。そして，工業生産は，交わりで造られる品物に比べて，はるかに精巧で，安価な製品を多くもたらした。(BKA. 129f.) その結果，交わりで機能していた素朴な知恵が自然科学的な知識に，手仕事が機械に，それまで手作りであったものが工業生産物に取って代わられることになった。こうして，人間と自然の人格的な交わりまでが事象化された人間と自然の関係へ移行しうるかのような印象を与えられることになったとしても，不思議なことではなかった。

だが，その先行の関係から後続の関係への移行は，後続のものが先行のものを排除する関係ではない。その移行がいかに進んでも，決して先行の関係がなくなってしまうということはないのである。

　　交わりの世界が事象の独裁の前に完全に撤退するということは，ありえない。(BKA. 143f.)

というのは，事象化される自然は，人格的な交わりにおいてすでに出会われた自然であるからである。事象化された人間と自然の関係は，人間と自然の人格的な交わりの関係を母体としてはじめて生じてくるものなのである。したがって，この移行は，歴史的に一回的な出来事ではなく，諸世代によって繰り返されなければならないものである。

　　後の世代には，交わりの段階が免除されていて，ただちに「事象」

から始めることが許されているであろうというようなことは,まったくない。(BKA. 132)

　たしかに,前の世代に比べれば,次の世代は,その移行が多少容易になるということはあるかもしれないが,次の世代にとっても,先行の段階とその移行そのものがなくなるということはありえないことである。

　そして,このことが自覚されることによって,それを欠いている場合に陥りがちである,人間と自然の人格的な交わりの貧弱化が防がれることになるのである。

　次に,リットは,自然科学者も,科学技術者も,自然を事象化する動機は,自然との交わりのうちに,より厳密に言えば,人間や自然との人格的な交わりによって培われた人格の深部のうちにある,ということを指摘している。

　　人間は,事象への没頭でもって生じる自己の人格の抑圧を,まさにこの人格の深部に根差す動機が,彼にこの脱自化を得策であると思わせることがなければ,決して引き受けなかったであろう……。もし,彼の熱心な研究心が向けられる自然の一部が,まず最初に,彼の関心を自らに引き付ける顔を彼に向けなかったとしたら,もし,それがその感覚的な現われにおいて,研究への刺激や組織だった加工への出発点を彼に示さなかったとしたら——何が彼に,それほどの関心をその自然の一部に捧げることをさせたであろうか,何が彼に,それほどの努力をその自然の一部に向けることをさせたであろうか！ (BKA. 133)

　このように,人間と自然の交わりは,人間にとって排除不可能であり,不可欠である,ということが反省されている。

　そして,リットは,事象の論理に支配された,あるいはそのようにされるべきであると思われている労働組織においても,人間同士の人格的

な交わりは排除不可能であり，さらに必要でさえある，ということを反省している。

　一見，工場生産組織をはじめ，労働組織は，事象の論理にのみ従って組み立てられ，機能した方が，生産効率や労働効率という点で，よいように思われるかもしれない。しかし，それが人間の組織である以上，人間の論理を完全に締め出すことはできない。人間にできることは，せいぜい人間の論理の関与を最小限に止め，事象の論理が支障を来さないようにすることぐらいである。

　だが，リットは，労働組織内で事象の論理に従ってより多くの成果を上げるために必要なことは，人間の論理を排除することではなく，むしろそれに配慮することである，と指摘している。

　　単調で退屈な労働でさえ，正しい精神が全体を貫いて支配しているところでは，すなわち，理解と配慮と支援態勢が，要するに，連帯の意識に基づく協調が，あらゆる段階の労働者をまとめるところでは，きわめて容易に耐えられ，きわめて喜んで行なわれる……。
　　(BKA. 143)

　したがって，現代の労働世界においても，「指導する人々にせよ，従属する人々にせよ，あるいは，考案する人々にせよ，遂行する人々にせよ，生産過程によって結び付けられた人々の間の人間的な関係を，事象の圧迫を和らげて，人間の自己自身への信頼を強化するのにふさわしいような形式へ至らせようとする真剣な努力」(BKA. 142f.) が必要である。

　もちろん，この労働組織の人間化についての反省は，人間が事象の論理に従属することの全面的な否定ではない。ここでは，あくまで事象の論理と人間の論理の二律背反が反省されているのである。

　　人間の事象への従属と自分の仲間との繋がりとの間に緊張の関係が

あるということは前提であり，この前提を揺さ振ろうとすることは，この反省にとっては不条理に思われる。(BKA. 141)

6．疎外の克服

　このように，リットは，疎外の克服をその反省による意識化（リットの意味での弁証法的な「止揚」）に求めている。だが，それで終わるわけではない。彼は，その反省を，そしてその意識化を可能にし，疎外された労働社会が変わりうるためには，そのための教育が必要である，と考えている。ここに，リットに特徴的な弁証法を見ることができる。

　その教育として，まず挙げられているのは，事象の論理と人間の論理の二律背反に対する「注意深さ（Wachsamkeit）への教育」(BKA. 144)である。これは二律背反そのものについての注意深さを喚起することから始まる。

　　生の状態は，根本的な種類の葛藤に悩まされているという理由だけで，非人間的であると，非難されるべきではないということ，また，行為は，それから耐えがたい対立が起因するという理由だけで，人間性に反する過ちであると，呪咀されるべきではないということ，まさにこのようなことが十分に意識されることが大切である。(BKA. 112)

二律背反としての葛藤や対立は，否定されたり，排除されたりすべきものではなく，「自己展開する精神の構造における構成上の契機として承認され」(BKA. 112)，そしてつねに自覚されなければならない。

　そして，このことは，さらに次のような人間理解[4]の自覚に繋がっている。

人間は，調和を目指す存在者ではなく，対立に陥り，対立でこそ成長する存在者である……。(BKA. 112)

　もちろん，それらの葛藤なり，対立なりが，歴史的で一時的な解消されるべきものなのか，それとも解消されない根源的なもの，つまり二律背反なのかという見極めは，必要であろう。だが，その見極めが困難な場合には，安易な妥協でその葛藤なり，対立なりから逃れるのではなく，それを生きなければならない。そして，それは，自己疎外の現象や原因といった否定的なことではなく，自己の成長や発展の契機になるといった肯定的なこととして自覚されなければならない。様々な葛藤や対立に悩まされている現代人にとって，このような教育は，殊の外必要であろう。

　そして，次に必要な教育は，事象の論理と人間の論理のどちらにも偏らないための教育である。自然科学者や科学技術者が事象の論理にのみ偏ってしまったなら，極端な場合，人類の存続すら危ぶまれる危険性が生じてくる。(TD. 85)

　自然科学者に彼自身の行為を見抜くことを教える自己省察的な反省は，人間の全体的な自滅を食い止める救済力の一つであり続ける。(NM. 107)

　したがって，人間の論理からもっとも遠く離れているように思われる自然科学者や科学技術者にこそ，人間の論理と，人間と事象の二律背反に対する注意深さのための教育が必要である。(NM. 107)

　ここに，職業教育や専門教育における一般教育の果たすべき大きな役割の一つがある。また，これは，学問が人類に対して課せられている重大な責任である[5]。

　また，逆に「事象の知識を欠いた『善意志』による誤った処置」(TD. 95) も，自然科学や科学技術のこれほど発達した現代を生きる人間にと

Ⅶ　自然科学ー科学技術ー産業社会と教育

っては，危険なことである。それゆえ，それらに縁遠い一般の多くの人間にとって，それらの事象についての教育は欠くことができない教育である。

　そして，以上のことを学校教育ということで考えてみると，それは，数学や理科などのように，事象の論理を教える教育と，国語や歴史や社会などのように，人間の論理を教える教育，そしてそのどちらにおいても必要である，それらの論理の二律背反を教える教育ということになるであろう。

　また，それを一般教育と職業教育ということで考えてみると，一般教育で重要な教育として再確認されなければならないのは，とくに，人間と自然の，そして人間同士の人格的な交わりに対する注意深さを養う，国語教育を含めた芸術教育であり（BKA. 147），事象の論理に支配されがちである職業教育では，人間の論理に対する注意深さを養える，芸術教育を含めた一般教育の重要性（TD. 93）ということであろう。

> 人間的にすることを，本来的に事象に即したー専門の教育の中心にもってくることが問題であって，この教育から締め出すことではない。(TD. 92)

　このように，リットは，反省（自己省察）とそのための教育による，疎外の原因の自覚と意識の変革によって，疎外の克服を図ろうとしたのである。これは明らかに，人間精神と絶対精神の違いはあれ，『精神現象学』におけるヘーゲルの自己意識による疎外の克服という考え方に多くを負うている，と言うことができる。もちろん，リットの教育による意識の変革の先には，労働社会の組織や制度の改革ということが帰結する，と言える。だが，リットにあっては，マルクスと違って，その順序は決して逆ではなかった。ここにも，リット弁証法の特徴が現われている。

185

註

(1) 　ブーバーもまた,『我と汝』(*Ich und Du*, 1923) で,人間の自然に対する関係を,「我－それ」としてだけではなく,「我－汝」の対話的な関係としても捉えている。

(2) 　ルドルフ・ラサーンは,『テオドール・リットの教育学の自己理解』(*Das Selbstverständnis der Pädagogik Theodor Litts*, 1968) のなかで,カントとリットの二律背反の相違を次のように述べている。「カントの二律背反は認識論的であるのに対して,リットの二律背反は生に根差している,つまりそれは存在に属している。」(S. 45)

(3) 　この箇所は,ブーバーの根源語「我－汝」と「我－それ」の説明と一致する。

(4) 　このような弁証法的な人間理解は,『人間と世界』等々で展開された,リットの哲学的人間学における人間理解の特徴をもっともよく示している。

(5) 　このことに関してリットには,クラフキーによれば,1953年,ないし1954年の講演「学問と道徳的な責任」(Wissenschaft und moralische Verantwortung),1957年の講演「原子と倫理」(Atom und Ethik),1958年の論文「学問の公的な責任」(Die öffentliche Verantwortung der Wissenschaft) がある。(W. Klafki, ibid. S. 50)

VIII 民主主義と政治教育

1．はじめに

　前章の第1節で示したように，第二次世界大戦後のリットの大きな関心の一つに，民主主義と政治教育の問題がある。

　この章では，晩年の一連の著作――講演「人間の自由と国家」(Die Freiheit des Menschen und der Staat, 1953) と論文「政治教育の本質と課題」(Wesen und Aufgabe der politischen Erziehung, 1953) を収めた『ドイツ国民の政治的な自己教育』(*Die politische Selbsterziehung des deutschen Volkes*, 3. erweiterte Aufl., 1957)，『東西対立の相のもとにおける学問と人間形成』(*Wissenschaft und Menschenbildung im Lichte des West-Ost-Gegensatzes*, 1958. 2. Aufl., 1959)，そして「民主主義の哲学と教育学のために」という副題の付いた『自由と生の秩序』(*Freiheit und Lebensordnung*, 1962)――に依拠して，リットの民主主義と政治教育の問題を考察し，そこに見られる弁証法を明らかにしたいと思う。

　ところで，この問題は，それが根差しているという点で，歴史的な意識と責任の問題とも，また一般教育の重要な課題として歴史教育とともに，政治教育が考えられているという点で，職業教育，ないし専門教育と一般教育の問題とも関わっている。そしてさらに，それは，ペスタロッチのプロテスタント的な人間学を哲学的に取り込んだ，彼の哲学的人間学とも結び付いている。

　さて，リットは，第二次世界大戦後，かなりの危機意識をもって共産主義に反対し，自由を基調とする民主主義を擁護して，そのための政治教育の必要性を説いた。『東西対立の相のもとにおける学問と人間形成』

初版（1958年）の序文には、「西欧において、あるいは少なくとも西ドイツにおいて共産主義の姿で自由な世界に迫る精神的な脅威の防止のためには」、「政治的－軍事的な防衛の形成」だけでは不十分で、それを補う「精神的－道徳的な背面援護」が必要であると、執筆の意図が述べられている。また、『自由と生の秩序』の序文には、自由が「これまでに一度もなかったほどに今日消滅によって脅かされている」と記されている。

　リットにこのような危機意識をもたせたのは、根本的には彼の「自由」の哲学であろうが、直接的には東ドイツのライプチッヒでの戦後間もなくの体験であった、と言える。戦後の彼は、ヨーロッパの歴史のうえで勝ち取られた、ヒューマニズムと自由を唯一保障しうる政治制度として、議会制民主主義を無条件に肯定する立場を明確に示し、自由を抑圧するように思われた共産主義に反対する立場を採った。そして、講義や講演や著作で、民主主義の擁護とそのための政治教育の必要性を説いた。このことによって、リットは1947年9月には、東ドイツを統治していたソ連当局から、戦後復帰したライプチッヒ大学を停職に処せられた。

　そして、1947年10月に西ドイツのボン大学に移ってからも、民主主義とそのための政治教育への思いは、死の直前まで衰えなかった。リットの最後の著作である『自由と生の秩序』が出版されたのは、彼が81才で亡くなる半年前であった。

　このように、晩年の彼は、哲学者として民主主義を問題にし、そのための政治教育を主張した。ここに彼の思想の一つの特徴を見ることができる。そこで、すでに第Ⅰ章で哲学と教育学の関係については言及しているが、ここで哲学と政治と教育学の関係に言及しておきたいと思う。

　結論を端的に言えば、リットの哲学とその対象である「生」や「人間存在」（「人間性」）にとって、政治や教育が本質的であった、というこ

とである。彼は，哲学の帰結を教育に見ていたし，政治は防衛とか治安とか社会保障といった人間の単に外的な生存を保障するだけのものではなく，人間の精神活動そのものであり，人間の自己形成に深く関わっている，と考えていた[1]。

たしかに，政治の専門家もいるし，教育の専門家もいる。哲学と政治学と教育学は異なる分野の学問である。リットは，それぞれの学問分野の間には，それらの有する自由の「対立（Gegensatz）」によって「相対的な自律」が確保されなければならない，と考えている[2]。しかし，政治も教育も，言うまでもなく，それぞれの専門家の占有物ではない。それらは人間一人一人の生に関わっているものである。そして，哲学はその人間を，その生を対象としているのである。したがって，当然のこととして，彼の哲学は政治を，教育を，そしてそれらの関係を問題としたのである。

しかも，政治がしばしば哲学や教育に不当に干渉し，それらを利用し，さらにそれらの自由を奪ってきた歴史がある。そして，つねにそうしようとする傾向が政治にはある。それゆえに，人間にとって本質的な政治を蔑ろにすれば，人間存在（人間性）が歪められることになる。そのことを，ドイツの歴史は動かしがたい事実として示している。リットは『ドイツ国民の政治的な自己教育』の「国家と人間」の節で，もともとは非政治的な作家であったというトーマス・マン（Thomas Mann）の以下の言葉を引用して，自らの考えと一致すると記している。

> 政治的で社会的なことは人間的なことの一区域を形作るが，それは，人間的な問題の全体に属し，精神によってその全体のなかへ算入されうる，そしてこの全体は，もしそれに政治的な要素が，社会的な要素が欠けているとしたら，危険な，すなわち文化を危うくする不備を有している……。(SV. 34)

したがって，哲学は，政治や教育もその対象とし，政治によって哲学や教育が不当な干渉を受けないように，「相対的な自律」を保てるようにしなければならないのである。

2．政治倫理と民主主義

民主主義は政治制度として，決して完全な制度ではない。それは，様々な問題を抱えている。だが，様々な問題を抱えつつも，民主主義に代わる制度はないと，リットは考えている。したがって，彼によれば，「現実としての民主主義」（FL. 154）は，つねに「批判的な注意深さ（Wachsamkeit）」（FL. 155）によってその不完全さを克服していかなければならない，ということになる。

さて，その不完全さの一つに，政治家の倫理の問題がある。この節では，政治倫理の問題を手掛かりとして，リットの民主主義に関する考え方を考察したいと思う。

リットは，政治において政治家の「道徳的な良心（Gewissen）」（「道徳的な義務の意識」）（SV. 38），または「自制の能力と熱意」（FL. 121）が大切であることは，もちろん認めている。（SV. 44）たしかに，政治家の人格にそのような倫理感が備わっていれば，政治腐敗に対するこれほどの抵抗力はない。（FL. 121）だが，そのような倫理感がすべての政治家に備わっている，あるいは少なくともその可能性があると考えるならば，これは，あまりにも浅薄な人間理解，政治家理解ということになると，彼は指摘する。（FL. 121）むしろ，話は逆で，政治家は一般の国民に比べて，倫理感を喪失しやすい状況に置かれている。というのは，政治家，とくに権力を有する政治家は，普通の人々と異なって，多くの

様々な「誘惑（Versuchung）」に晒されているからである。(SV. 31, FL. 120) 権力には利権が付き物である。また，政治家は政治家になる動機として，一般の人々に比べて，より強い支配欲なり自己顕示欲なりを有している，と見ることもできる。したがって，このような誘惑や欲求に対して，政治家に政治倫理という自制の力だけで対抗しろというのは，無謀な話ということになる。

　この政治倫理と民主主義の問題をリットは，次のように考えている。すなわち，民主主義とは，そもそも政治家が誘惑に負けて，間違いを犯す可能性があるということ，つまり政治家の自己制御の能力には限界があるということを前提にして，それを補って，政治を正常に機能させようとして生まれた制度であると。(SV. 31, FL. 121) それゆえ，そうでないことが望ましいわけではあるが，極端な話，たとえ政治家が倫理を欠いた場合でも，その政治家を排除して，政治そのものの腐敗には陥らないで済むというのが民主主義というものである。

　民主主義国家でありながら，政治腐敗に陥り，それに対して政治倫理だけが殊更に叫ばれるとすれば，それは，民主主義が本来の機能を十分に果たしていないか，あるいは民主主義の精神に則った改革がなされていないかのどちらかである。

　それでは，その自己制御の限界を補う制度とは何か。それは他者による制御である。(FL. 137) その一つは，「権力分割（Gewaltenteilung）」と分割された権力間の相互牽制である（FL. 125）。これは，権力を分割することで，権力の一局集中を避け，決定権の独占と権力の乱用を防ぐことを目的にしている。これは民主主義の基本理念であり，とくに「立法権」，「行政権」，「司法権」に権力を分割する三権分立の制度に象徴される。(FL. 125f.) この制度では，立法や行政に関わる政治家に法的な問題があれば，司法が彼らを法的に罰し，場合によっては政治から排除

することができる。

　もう一つは，政権を握る与党に対して，その反対勢力である野党による監視と抑制である。(SV. 31, FL. 125f.) 民主主義国家は，全体主義国家の一党独裁とは異なり，複数の政党の存在を前提とする。そして，それらの政党間の闘争の結果，一つの，あるいは複数の政党が与党になり，政権を握る。それ以外の政党は，野党として，政権を監視し，批判することになる。

　　闘争で負けた人々は，自由であり（負けたからといって勝者に全面的に従わなければならないわけではなく），彼らには，権力の座にいる人々の行為を注意深い目で追跡し，必要ならば断固とした批判に服させることが課せられている。(SV. 31)

　　与党と野党の均衡は，民主主義的な国家がその核心をもつ均衡の取り方である。(FL. 125)

　しかも，この与党と野党の「役割分担」は，固定的な性質のものではない。野党の批判が国民に受け入れられるならば，政権交代の可能性が生じる。この意味では，それは流動的である。そして，この分担は流動的な方が望ましい。というのは，与党と野党の政権交代が監視を「相互監視」(SV. 31)にし，制御を「相互制御」(FL. 125)にするからである。

　そしてさらに，政治家と立場を異にする人々，すなわち政治家の晒されている誘惑に縁のない人々，たとえば学者や法律家といった人々，最終的には何よりも一般の国民一人一人によってなされる監視と制御である。それぞれはいくら立場が違うとはいえ，やはり同じ政治家同士の場合，相互監視や相互制御といっても，それなりの限界がある。それゆえ，政治家以外の人間によるチェックが必要になる。

　　権力の行使と権力の監視は，異なった人間，または異なった人間集団に分担されなければならない。(FL. 121)

しかも，そのような様々な他者による監視や制御は，結果として政治家の良心，つまり政治倫理そのものをも高めることになるのである。(FL. 125)

　このように，人間は誘惑に負けることもあれば，間違いを犯すこともあるので，それを相互に補い合ってやっていこうという制度が民主主義である。ということは，人間は弱い存在であり，全面的に信じることはできないという人間理解を，民主主義は前提にしている，ということである。

　リットは，この民主主義の人間理解が，キリスト教，そのなかでもとくにプロテスタントの人間理解[3]から生じている，と指摘している。(FL. 135f.) 近代の民主主義は，君主政治の絶対主義に対する市民の戦いから勝ち取られた。だが，その際勝ち取られたのは，「政治的な自由」(FL. 134) だけではなかった。その自由とともに，宗教的な自由も勝ち取られた。これは，自己の良心にのみ従って行動する「良心の自由」(FL. 134) である。彼は，この「自由な人間の良心」の宗教が「キリスト教，より厳密に言えば，プロテスタントの宗教」であった，というのである (FL. 135)。

　　民主主義的な思想の誕生に際して，キリスト教的な信仰が援助者の
　　役割を果たしてきた……。(FL. 137)

　そして，この宗教は，人間のもっとも本質的な特徴として「罪 (Sünde)」(FL. 136) を考えている。この「罪」とは，人間は神によって，神に似せて造られたにもかかわらず，神の意志に反して，誘惑に負け，間違いを犯してきたし，またつねにその可能性をもっている，というものである。

　　人間は，至高のことへと任命されていて，その能力を与えられてい
　　るのに，神の意志に反する冒瀆的な反抗において，彼が委任された

VIII　民主主義と政治教育

>　ことの逆をするように繰り返し誘惑されている……。(FL. 136f.)
>　キリスト教的な人間学は，自己自身を抑制する能力や熱意に関して大層懐疑的に考えている……。(FL. 137)

　この人間に対する「不信（Mißtrauen）」(FL. 137) が良心の自由とともに，民主主義の前提を成す人間学にも受け継がれている，というのである。

　ちなみに，リットの言う，この「自由」とは，「『善』への自由」でもあれば，「『悪』への自由」でもある。(SV. 39) それは「両義的で，『両価的な（ambivalent）』性格をもっている」。(SV. 39)

　そして，リットは，この人間理解が共産主義の人間理解とまったく反対であるということを指摘している。共産主義は，人間に対して「無制限の信用」(FL. 137) を与えている，と言うのである。たしかに，共産主義においても個人は間違いを犯す可能性がある。だが，人類全体は，「決して誤らない『科学』」によって導かれているので，「科学」が予め描く「進歩」という道に沿っている限りでは，間違う可能性はない，というものである。(FL. 133, 135f.)

>　共産主義的な教義は，個別的には時には起こるどんな錯誤も自動的に無力化する不可謬性（Unfehlbarkeit）を人類全体に置く……。
>　(FL. 136)

　しかも，この「進歩」の最終段階では「『階級なき社会』という地上の楽園」が実現し，そこでは個人も間違いを犯す可能性がなくなる，というものである。(FL. 135)

>　もし，人間がこの最終目標に達してしまったなら，人間は，「社会」に与えられた課題の最終的な実現を意味する，その限りない至福と非の打ち所のない徳の状態のなかへ入ってしまっているであろう。
>　(FL. 135f.)

195

このような共産主義とは異なって，民主主義は，人間が誤りを犯しうる存在であるということを前提にし，政治家も誤りを犯す可能性があるがゆえに，他者による監視や制御によってそれを補って，それでも制御しきれない場合には，そのような政治家を排除して，政治そのものを腐敗から守っていこうとする制度である。

3．民主主義と政治教育

　この節では「民主主義と政治教育」の問題について扱うことにする。
　ところで，政治はつねに教育を必要とする。というのは，国家は，どのような形態であろうとも，あるいはどのような状態にあろうとも，その目的実現のために，それに見合った教育を手段として必要とするからである。
　また，国家は，どのような国家であろうとも，その体制を維持し，さらにその強化を図るために，将来の国家の担い手としての青少年に，国家の一員として，その担い手として必要な教育，つまり政治教育を行なおうとする。
　この極端な例を全体主義の国家に見ることができる。リットによれば，共産主義国家を含めた全体主義国家は，教育を通して「そのイデオロギー的な基盤をもつ政治的な独断を……生成しつつある心の可塑的な素材に刻印しようとする」（SV. 85）。そこにおける教育は「国家によって規定された意見や態度への調教」（SV. 85）のようなものである。この国家において国民は，多様な意見や意向をもつこと，ましてその国家体制や指導者に対して批判的な意見や意向をもつことは許されない。このように，全体主義国家における政治教育は，その国家体制に完全に取

り込まれている。それゆえに，そこでは政治教育は決してその体制を，そしてその時の権力者を危険に晒すことはないのである。

ところが，民主主義国家における政治教育は，民主主義という体制を維持するためには有効であっても，必ずしもその時の政権担当者や与党にとって有利に働くとは限らないという性格を有している。というのは，この教育の一つに，前節で明らかにした，政権担当者や与党に対する国民の注意深い監視の目と，場合によっては批判的な態度の必要性（SV. 31）を教育するということがあるからである。この教育は，与党と野党の政権交代が起これば，与党にとってだけではなく，結果的には将来与党になる野党にとっても不利に働くことになる。ところが，政権交代が起こらず，特定の一つの，あるいは特定の複数の政党のみが長期に渡って政権を握っている場合には，監視や批判は，与党であり続ける政党にのみ向けられることになりかねない。それゆえ，そのような状況にある政権担当者や与党は，当然のこととして，自らに都合の悪い，この政治教育をできるだけ回避しようとしがちになる。

また，民主主義の重要な教育に，民主主義の仕組みの教育がある。戦後の西ドイツのように全体主義から民主主義へ移行した国家にとっては，この教育は殊の外重要であった。だが，この教育もまた，政権担当者や与党にとって不利に働く側面をもっている。それゆえ，この教育もまた状況によっては十分になされないことがある。

まず民主主義の仕組みとして教育されることに，その最終的な決定方法である多数決がある。だが，その際それに関して教育されなければならない大切なことがある。それは，どうして多数決なのかということである。

このことに関して，リットは，民主主義という制度がその決定権を有する人々，つまり国民の「多様性（Vielfältigkeit）」なり，「分裂性（Vielspältigkeit)」なりを前提にしている（SV. 28 f.）からである，と考えている。そして，その「多様性や分裂性」は何から生じるのかと言えば，それは国民の「自由」からである。（SV. 28, 36f.）それゆえ，民主主義は国民の「自由」を前提にしている制度である。（SV. 37）この多様で，しかも相反する意見や意向が混在していて，それでも「強制（Zwang）」に拠らないで，「統一（Einheit）」を得ようとすれば（SV. 31），多数決によって決定する以外にはない。このことが，教育されなければならないことである。

　また，多数決とともに，その不可欠の条件として，多数決を採る前に，多様な意見をもつ人々に，それぞれの考えを表明させ，自分とは異なる考えをもつ人々を説得する機会を与えること，つまり発言の機会を保障することの必要性がある。これは，少数意見が多数意見に変わる可能性の保障であり，民主主義の仕組みにとって重要なことである。

　そして，さらに教育されなければならない大切なことは，その多数決後のことである。というのは，一旦多数決で決まったことには，少数者も自らの考えを撤回して全面的に従わなければならないといった，間違った教育がなされる可能性があるからである。だが，多数決の決定を認めることとそれに全面的に従うこととは，同じことではない。リットも指摘しているように，決定後も少数者は，自らの考えを撤回する必要はなく，その決定が多数者，あるいはその代表者によっていかに遂行されるかを注意深く監視し，場合によっては批判し，そしていつでも多数者に代わりうる用意をしておくという役割を担っている。（SV. 31）したがって，この最終的な決定で負けた少数者の役割の重要性についての教育がきわめて大切である。

　そして，リットは，この少数者と多数者の間の，野党と与党の間の政治的な「対立」，「政治的な闘争（der politische Kampf）」の不可避性，

VIII 民主主義と政治教育

必要性についての教育を民主主義教育の重要な柱と考えている。彼によれば，政治的な対立や闘争は，政治的な自由が保障されているならば，必ず起こるものである。しかも，それらは，できれば避けられるべき厄介なものではなく，むしろ民主主義が正常に機能するうえで不可欠で重要な契機である。(SV. 75)[(4)]

> 自らを委ねる政治的な理念や集団の抗争は，嘆き悲しまれるべきで取り除かれるべき欠陥ではなく，むしろ健全な政治的な活動の正常な姿である……。(SV. 82)

> 原理や集団の対抗は，（民主主義）国家と国家のうちに生きる人間にいかなる損害も与えないのみならず，正しく機能すれば，救いになる……。(SV. 75)

それゆえ，その対立や闘争が正しく機能するかどうかということが，つまりそれらの「実現の仕方」(SV. 80) が，民主主義の教育においては重要な課題になるのである。

そのためにはまず，教育者は政治教育に際して，政治的な対立や闘争が回避されうる「根源－悪（Radikal-Böse）」(SV. 74) であり，それゆえ回避されるべきであるといった，誤った認識を被教育者に植え付けないようにしなければならない。(SV. 73 f.) そして，そのような誤った認識から生じる危険な事態を防がなければならない。というのは，それらが回避可能であるということになれば，それらが生じた責任を相手方の錯誤や愚行に求めることになりかねない (SV. 73) からである。しかも，最悪の場合には，相手方の責任のゆえに相手方を根こそぎに壊滅しようとする政治闘争を生み出す事態にもなりかねない (SV. 74) からである。リットは，このような形で最終的に「組織的な大量殺人」にまで至った歴史的な事実としてナチスドイツの例を挙げている。(SV. 80f.)

だが，そのような事態はナチスドイツのような全体主義国家にのみ生じるものではない。民主主義国家においても，政治的な独善や狭量として容易に生じうる事態である。国政のレベルから各種の会議のレベルに至るまで，反対者を締め出して対立や闘争を回避しようとする傾向は，民主主義国家においても見られる。そこには，反対の立場での質問や意見を通して慎重に議事を運び，よりよい解決を模索しようとする姿勢は見受けられない。そして，このような独善や狭量の態度こそが民主主義を容易に全体主義へ移行させる恐れがある，と考えもしないのである。(SV. 81) 自分とは異なる立場や意見の対立者を尊重し，歓迎し，そのうえ場合によってはそのような対立を誘うことさえしようとする態度が，民主的な運営には必要なのである。

　　人間的な物事の秩序が問題である場合には，多数の秩序理念の闘争は，一方の列聖と他方の破門によって阻止される必要はなく，むしろ弁証法的な対決で解決されるべきである……。(SV. 74)

　この「弁証法的な対決」とは，上述の意見や意向の対立と多数決，そして多数決後の多数者と少数者の役割分担と解することができる。このような仕方での政治的な対立や闘争が可能であり，必要であることを，教育者は被教育者に教育しなければならないのである。

　以上，権力者の監視や批判といった政治に対する注意深さの教育，民主主義の仕組みと，そこにおける対立や闘争，そして少数者の役割の重要性の教育について考察した。これらは，これまで強調してきたように，民主主義にとって不可欠で重要な契機である。だが，それらとともに，あるいはそれらの前提であるという点ではそれら以上に重要なことがある。それは，国政の主権者である国民一人一人の「判断の確かさ (Urteilsklarheit)」である。というのは，言うまでもなく，民主主義はその最終的な決定を国民の判断に委ねている (SV. 85) からである。

真の民主主義は，その都度のその進路を決定しなければならない国民の判断の確かさと盛衰をともにしている。(SV. 86)

ところが，政治家も政党も様々な手を使って，時には目先の利益で誘導したり，不安を煽ったり，あるいは情報を隠蔽したりしながら，国民の判断を自らの意図する方向へ導こうとする。このようななかで，国民一人一人は「適切な判断」をしなければならないのである。それゆえ，民主主義国家において国民は，他に惑わされることなく，「事実」にのみ基づいて「適切な判断」と「決定」ができるための「明晰な洞察力(Einsicht)」(SV. 85) を有していなければならない。

ちなみに，民主主義における情報公開の必要性，不可欠性は，権力の監視や制御のためにとともに，国民のその「適切な判断」を左右するがゆえに，求められ，叫ばれるのである。

そして，そのような洞察力や判断力や意志決定能力を育てることこそが民主主義の政治教育にとってはもっとも重要なことである。

真の民主主義は，……そのような判断の確かさへの覚醒にその任務の本質的な部分を認める，その「教育」の名にふさわしい生成しつつある人間への作用と解きがたく同盟している。(SV. 86)

だが，このような教育は，もはや民主主義の仕組みやそれを支える思想を教えるだけの狭い意味での政治教育の範囲をはるかに越えている。これは，洞察力や判断力や意志決定能力を養うという点で広い意味での教育，すなわち人間形成という意味での教育そのものである。このように，民主主義国家における政治教育は，人間形成という意味での教育そのものと深く結び付いているのである。また，逆に言えば，民主主義国家においては，広い意味での教育そのものが政治教育的な性格を有しているのである[5]。したがって，民主主義国家では，そのことを十分踏まえて，教育がなされなければならない。

4．政治教育と平和教育

　前節では，民主主義が機能するうえで政治的な対立や闘争がきわめて重要な契機を成しているということ，それゆえに民主主義の政治教育にとってそのことの教育がきわめて大切であるということを見た。

　ところで，戦後のドイツには，民主主義とその政治教育という課題とともに，それと密接に結び付いているもう一つの課題があった。それは平和教育である。この教育は，戦争に対する歴史的な反省と責任追及のうえに立って，二度と同じ過ちを犯さないための教育である。

　ところが，ここに一つの問題が生じる。それは，この平和教育と，対立や闘争の意味の教育を重要な要素とする政治教育とが一見矛盾するように思われるということである。

　このことに関して，リットは，平和教育と政治教育の区別と結合の大切さに言及している。(SV. 77ff.)

　まず確認されなければならないことは，戦争や内戦と政治的な対立や争いを混同して，平和教育が単に対立や争いをしないことを目的とする教育であると，単純に考えられてはならない，ということである。もちろん，平和教育において，政治的な対立や争いに起因した，戦争や内戦が歴史的にいかに悲惨な結果をもたらしたかという教育は大切である。しかし，そうかといって，戦争や内戦と，それらの原因である政治的な対立や争いを同一視してはならない。というのは，政治的な対立や争いがあるところに，必ずしも戦争や内戦が起こるわけではないからである。

　また，戦争や内戦の原因になりうる政治的な対立や争いが，すべて回

避できると考えられてはならない。というのは，平和教育は，歴史的事実の認定とその歴史教育のうえに築かれなければならないが，そこでは，歴史的事実としていつの時代にも政治的な対立や争いがあったということ，これからも様々な形でそれらは起こりうるであろうということ，そして必ずしもすべてが回避できるものではないということが認められなければならないからである。もし，すべてが回避できないにもかかわらず，回避しなければならないとすると，対立や争いの当事者のどちらか，あるいは双方ともが責められたり，否定されたりすることになる。そして，民主主義における政治的な対立や争いの必要性や重要性も否定されることになる。

したがって，平和教育として大切なことは，対立や争いをしないということではない。避けることのできない対立や争いがあるということを認めること，そしてそのうえで，それらの解決の仕方を考えるということである。そして，その際守られなければならない原則として教育されるべきことが，それらの解決を決して武力に求めてはならないということである。このような教育が真の平和教育である。

こうして，この平和教育の一環として，武力による解決がいかに悲惨で残酷な結果をもたらしたかということを歴史的事実に即して教育するということが，位置付けられることになる。しかも，この歴史的事実は，第二次世界大戦以後の戦争がいかなる結果を人類にもたらすのかということを暗示していただけに，重要な意味をもっている。

> 次の戦争は全世界を戦火に巻き込むのみならず，文化人類の自滅で終わるであろう……。(SV. 79)

そして，民主主義における対立や闘争の意味の政治教育は，その「武力による解決の排除」(SV. 79) という点で平和教育と一致するのである。

> われわれを脅かす破壊からの救済は，政治的な闘争を今後ともきわめて真剣に，そのうえそれにふさわしい十分な情熱でもって導くが，それにもかかわらず武力による解決をその遂行から完全に取り除くことが可能である場合にのみ存在する。(SV. 79)

　政治的な対立や闘争というと，その極端な例として戦争や内乱を想起する人がいるかもしれない。だが，これは政治的な対立や闘争の本質からは逸脱していると，リットは考えている。(SV. 78) というのは，それらの目的は，決して「敵対者の物理的な絶滅」にあるのではなく，新たな秩序の樹立にある（SV. 78）からである。

> 闘争は，秩序の樹立を目標にするか，あるいは少なくとも成果にすることによってはじめて「政治的な」闘争になる……。(SV. 78)

　したがって，政治的闘争は，「『生存の』闘争」ではない。(SV. 79) また，それゆえに政治的闘争の対立者同士は，単なる「敵」ではなく，ある意味では新たな秩序を目指す「同志」ということにさえなる。

　しかも，政治において対立や闘争を認めないということが，それらの抑圧と排除，対立者の抑圧と排除に繋がったように，社会においても対立や争いを認めないということは，対立したり争ったりする人々の抑圧や排除に繋がる可能性がある。人間にとって他者が他者であるのは，自己に対して対立する可能性を有しているからであるとすると，そのような対立を認めない社会は，他者を認めない社会ということになる。たしかに，家庭においても社会においても対立や争いがない方が望ましいのかもしれない。だが，対立や争いがまったくないということは，現実にはありえないことなのである。もし，そのような家庭や社会がありうるとすれば，それは，明らかに他者を抑圧したり，排除したりしての結果なのである。当然，そこからは多くの問題が生じてくることになる。このことは，国際社会においても成り立つことである。

5．合理主義と民主主義

　第3節で，民主主義にとっていかにその政治的な教育が不可欠であるかということ，しかもその教育が洞察力や判断力や意志決定能力の育成を目的とするという点で人間形成という広い意味での一般教育と一致するということを見た。

　ところで，そのような教育も含めて，一般的に言って，教育というものは，被教育者の「理性（ratio）」を育てる作用である。「教育制度」は「理性の能力の発達と形成」を目的としている。(WM. 180) そこでは「理性の必要性や正当性や価値」(WM. 178) が理性の成果に従って教育される。しかも，それは「理性」を育てるとともに，結果として被教育者に「合理主義（Rationalismus）」の精神を植え付けることになる。この精神は，理性によって合理的に様々な問題を解決することができる，あるいは理性によって合理的に考えて行動すれば，様々な問題を引き起こさないで済ますことができる，といった考え方にもっともよく現われている。

　先に挙げた，政治教育の注意深さも洞察力も判断力もこの「理性」の注意深さであり，洞察力であり，判断力である。政治的な対立や闘争が「武力による解決」によらずに，あくまで「弁証法的な対決」によって解決されるのも，それらが目指すものが新たな秩序の樹立であるということを踏まえることのできる「理性」の力によってである。

　ところが，ここに一つの落し穴があると，リットは指摘する。

　　人類を幸福にし，世界を救済する理性の力への信仰は，もっとも手強い，もっとも危険な幻想の一つである……。(WM. 184)

というのは，その理性の信仰は「生との戦いを耐え抜かなければならない制約」，つまり「和解させられえない対立の抗争」を隠すことになる（WM. 184)[6]からである。

　政治の領域において，そのような信仰は往々にして，理性によって政治的な対立や闘争そのものを生起させずに済ますことができるのではないかという考えを生み出すことになる。たしかに，多くの政治的な対立や闘争のなかには，理性の力で回避できるものもある。だが，すでに明らかにしたように，リットは，すべてのものが回避できるわけではない，と考えている。というのは，個人の多様性や差異性，その個性に基づく多様な立場や考え方を前提とするとき，それらに起因するすべての対立や闘争を予め理性によって防ぐことが可能であると考えることはできないからである。それゆえ，もしそれが可能であるならば，それは，理性によってではなく，個人の多様性や差異性の抑圧によってである。

　このように「合理主義」というものは，理性が当然踏まえなければならない限界をも踏み越えようとする傾向を有している。したがって，理性が自らの限界を認識することが，つまりその理性の信奉からの自由が必要である。

　そして，リットは，そのような傾向に対して根本的な歯止めの役割をも果たすことになるのが民主主義という制度である，と考えている。

　ところで，教育によってもたらされる合理主義が支配的になるのは，何も政治の領域だけではない。教育ということから言えば，当然学問の領域，とくに自然科学や科学技術の領域，そしてそれらに基づく現代の産業社会を含めた労働社会，行政を司る官僚社会，そして個々人の内部の，つまり心の領域に至るまで，合理主義は浸透している。現代社会においては限界を越えた理性が「制度に同化させられ」，そのうえ「制度になってしまっている」。（WM. 179）こうして，現代の人間はそのよ

うな「制度化された理性」(WM. 178) の支配から逃れられなくなってしまっていると，彼は考えている。

当然学問の領域においては理性による合理的な対象の理解が目的とされている。そこにおいてその理性の対象領域の限定とその射程の限界の認識が十分になされている場合には問題はない。ところが，そうでない場合，たとえば多くの学問の一部にすぎない自然科学が他の学問領域の問題を，さらにすべての問題を解決してくれる，あるいは今は無理でも将来必ず解決してくれるといった，「科学万能主義」とでも言うべき合理主義が蔓延している場合が問題である。彼は，自然科学の領域における合理主義が本来ならその対象領域ではない領域へ侵入する，その「越境 (Grenzüberschreitung)」を次のように述べている。

　精密な自然科学によって開始された思考や行為の方法をすべての生の領域に，しかもとくに人間的な存在形態の領域に転用しようとする……。(WM. 180)

また，自然科学や科学技術の成果のうえに成り立っている現代の産業社会においても，自然科学や科学技術を支配する「合理性 (Rationalität)」と，それによって理解され，「処理されるべき事象 (Sache)」(WM. 179) の論理に従って，その加工の「工程の分割」と「分割された工程の繋ぎ合わせ」(WM. 178) が行なわれている。「工業生産の組織」もまたその「制度化された理性」によって支配されている。(WM. 178) したがって，生産効率に関しては，その制度化された理性が保証してくれるので，労働者は余計なことを考えずに，その工程に従事し，没頭していればよい，ということになる。これは生産性を高めるという点では優れている。ところが，そのうちに，労働者はその工程の単なる「担当者」にすぎなくなり，「自分自身を忘れる危険」(WM. 178) に陥ることになる。これは「自己を脅かす脱人格化の作用」(WM. 179) で

ある。その結果,「個人の萎縮」(WM. 179) を生じさせ,人間的な存在形態の「脅威的な奇形化」(WM. 180) をもたらすことになると,リットは警告している。

そして,この制度化された理性の支配を受けるのは何も生産組織だけではない。それは,「合目的的な労働の組織化のモデルとして……人間的な協同の図式になってしまっている」。(WM. 178) 労働社会全体が合理化を追求することで,制度化された理性の影響下に入ることになるのである。ここでは,労働者は「官僚主義的な服務規程」(WM. 181) に縛られることになる。ここでは,利益優先という労働の論理が人間の論理に優先することになる。人間は,そのような組織のなかで交換可能な部品になってしまっている。

そして,官僚社会は,言うまでもなく,慣例化した様々な規程や規則によって縛られている。たしかに,行政は,国民全体に関わる多くの様々な仕事を抱えている以上,制度化された理性による秩序を必要とする。だが,そこで問題なのは,行政が本来果たさなければならない目的のためにではなく,その秩序自体の維持のためにだけ,組織の細分化と肥大化を遂げることになる,ということである。この官僚社会の問題をわれわれは日常的に,役所の細分化した行政区分による「縦割り行政」や問題のいわゆる「盥回し」などに見ることができる。もちろん,そこから生じる弊害を打破する試みもなされてはいる。だが,行政自体には,弊害を打破する自己浄化能力はない,と思われる。もしそれができるとすれば,それは,行政の制度化された理性と異なった民主主義の制度を有する議会ということになる。

そしてさらに,合理主義の傾向は人間の内的な世界にも及んでいる。心理学や深層心理学といった学問は,人間の心を合理的に理解し,「内的な人間の葛藤」(WM. 183) から生じる様々な問題を解決可能である

としてきた。しかも，それなりの成果はあった。だが，その際問題なのは，それらがその「葛藤」そのものも解消でき，「内的な世界の秩序」(WM. 183) を合理的に樹立できるとする点である。様々な葛藤に苦しむ現代の人間にとって，合理的に解消できるはずの葛藤に苦しんでいるという現実ほど，ストレスになることはないであろう。

このように，現代の社会は制度化された理性によって「管理された世界」(WM. 181) になっている。これもある程度はやむをえない面もあろう。だが，それに対する歯止めとしての民主主義という対抗作用を欠いた場合は，大変なことになる。この大変なことになった国家が「共産主義の国家」であると，リットは見ていた。共産主義国家は先に見たように，「科学」の「不可謬性」を特徴とする楽観主義的な進歩史観を「唯一無二の救済論」(WM. 182) とし，これを唯一の妥当性を有する「国家教義」とする。この国家は「『科学』によって規定された共同の物事の規則」(WM. 182) に従って運営される。そこでは，相容れない意向や意見を締め出す「国家秩序の合理性」(WM. 182) のみが支配的である。ここには，「理性によって認可された標準的体制の導入によって意見の戦いに終止符を打たせられるという妄想」(WM. 183) が見られる。

それに対して，民主主義は「理性の独裁に対する抵抗」(WM. 181) を有する制度である。

> 民主主義は，われわれにとって，あらゆる現代の国家がそうであるように，たしかに共同の業務の行政において徹底した秩序機能を理性に割り当てるが，しかし理性の指図に従って自己自身，すなわちそれのうちで脈打つ生を服務規程で規制しようとすることをしないだけではなく，むしろ逆にあらゆることで，この生の合理的な硬化を防止することを狙う，国家的な生のその体制を意味する。(WM.

181f.)

　国家の民主主義的な制度は，同じ国家がその行政機関の拡大によって手を貸さざるをえない合理化の傾向に対する制度化された対抗作用である。(WM. 183)

というのは，繰り返しになるが，民主主義は，人間に自由を認め，その自由に由来する人間の個性とその意向や意見や行為の多様性や差異性を認め，そしてそれらの間に生じる対立や争いを認める制度，それらを前提とする制度であるからである。

　理性によってすべてを拘束する標準図式に還元されるのではなく，むしろ国家の生がそれらの共存や協力や対抗からつねに新たに共演し合わなければならないところの信念や信条の多様性へ分解することが，人間的な共同の生の本質のうちにある……。(WM. 182)

そして，そのような意味をもち，そのような役割をも果たす民主主義の教育が，合理主義の支配的な現代社会を生きなければならないわれわれにとっては，欠くことのできない教育になっているのである。

6．おわりに

　以上，リットの民主主義と政治教育の思想と，そこに見られる弁証法を考察してきた。民主主義という制度は，人間の成長に伴って，人間に自然と身に付いていくものではない。それは，人間の成長に合わせて行なわれる，適切で継続的な教育によってはじめて身に付くものである。

　その教育は，民主主義の仕組みとそれを支える思想を教える狭い意味での政治教育であると同時に，事実に対する洞察力や判断力，事実に基づいた意志決定能力を育てる人間形成という広い意味での教育である。

VIII 民主主義と政治教育

　そして，それらは，人間の自由の尊重，それに基づく人間の多様性と差異性の，つまり個性の尊重，そのことから必然的に生じる対立や争いの不可避性と，それらの社会や政治における，とくに民主主義における重要性の認識，そしてそれらの武力による解決の排除といったことを踏まえた教育でなければならない。

　現在は，リットが民主主義と政治教育の思想を展開した時代とは状況がかなり違ってきている。共産主義的な全体主義が自由を抑圧し，剝奪するのではないかという脅威は，「ベルリンの壁の崩壊」とともに，かなり遠退いた。しかし，一方には，社会的，政治的な様々な対立が存在する。資本主義と共産主義の東西対立は，たしかに和らいできてはいるが，その分，東西対立によって抑止されていた地域紛争や民族紛争が世界各地で激しさを増してきている。また，他方には，これは，ある意味では，古代ギリシアで民主政治が誕生して以来の普遍的な問題であろうが，民主主義は一つ間違えれば容易に，いつでも全体主義に移行しかねない制度である，ということがある。さらに，現代社会は合理主義の支配的な社会になってきている。外的な世界から内的な世界まで，絶対的ということを装った理論や秩序や規則が支配的になり，本来避けることのできない対立や闘争や葛藤を抑圧したり隠蔽したりしかねない状況がある。

　このような時代状況のなかで，全体主義と合理主義に対する対抗作用としての民主主義とその政治教育に関するリットの思想は，共産主義的全体主義の脅威に対する自由の精神的な防衛という意味は薄れたかもしれないが，その妥当性と有効性に関しては何一つ失ってはいないのである。それどころか，その「自由」と「対立」の哲学は，このような時代にあって，その重要性と必要性をますます増してきている，と言うことができる。

註

(1) この考え方は，初期の頃からのものである。(W. Klafki, *Die Pädagogik Theodor Litts*, 1982. S. 12)

(2) この考え方も，すでに1921年の論文「教育学的思惟の方法論」に見られる。

(3) リットは，『生けるペスタロッチ』のなかに収められている「プロテスタント的な歴史意識」の「ペスタロッチとプロテスタント的な人間学」の節で，ペスタロッチに依拠した，リットのプロテスタント的な人間理解として，「あらゆる人間存在の本質的で，恒常的で，そして克服不可能な両義性と誘惑可能性」(LP. 50) を挙げ，次のように記している。「ひとが偉大で魅力的な人のうちにもまた堕落の可能性の芽を見付けるなら，それは，プロテスタント的に思惟することを意味する。」(LP. 51) それゆえ，倫理的に優れていると思われる政治家にも，他者による制御が必要であるということになる。

さらに，その人間理解に関して，民主主義と政治教育に関係する特徴を挙げれば，「『一人一人の人間の心の無限の価値』についての確信」(LP. 50) がある。これは，民主主義という制度の前提である，すべての人間の自由と，そこから生じる個性，すなわち人間の多様性と差異性を尊重するということをも意味する。

また，「倫理的な意志を麻痺させるのは，人間の過小評価ではなく，過大評価である」(PL. 53) という理解は，民主主義が倫理といった自己制御によってではなく，他者制御によって遂行されなければならない制度であるということの根底にある。

そしてさらに，「世俗的な空間において起こるすべての努力の不完全さの洞察と，この空間のうちで，有限な力がとにかくなすことができることを改善し，実行し，創造しようとする決心を，分かちがたいまでに一つにするのは，プロテスタント的である」(LP. 58) という理解は，民主主義という制度が，人間の「両義性と誘惑可能性」ゆえに有している限界にもかかわらず，その不備をできるだけ補って，その都度実現していかなければならない制度であるという理解と一致する。

(4) 　第Ⅰ章第2節ですでに示したように，クラフキーは，「政治的－民主主義的な教育の新たな理論」において，リットがその理論の根本的範疇として「闘争概念」を際立たせたことを評価している。(W. Klafki, ibid. S. 44)
(5) 　たとえば，リットが『職業教育と一般教育』(1947年) のなかで，「それ（教育）は政治的に『形成さ』れるべきである」(BA. 47) と記しているのは，そのような意味でである。
(6) 　このような考え方の根底にも，「決して確実に調和することのない，人間的な現存在の全体観」(LP. 75) といったプロテスタント的な考え方がある。

IX 結論

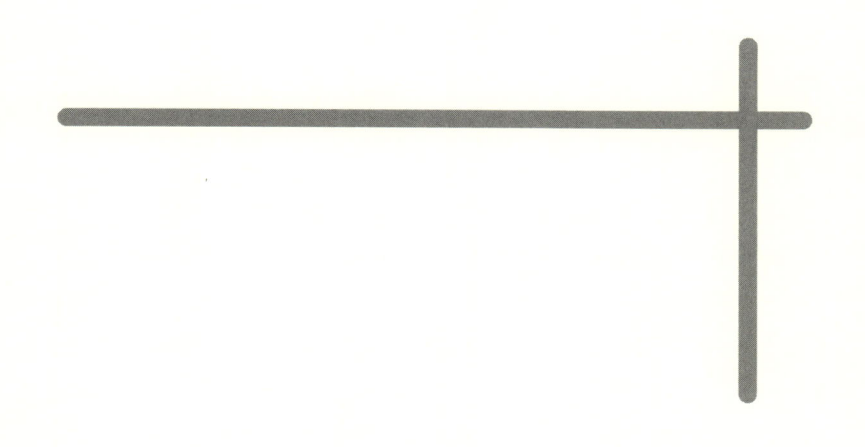

以上、「テオドール・リットの弁証法的教育哲学」を、「教育学の方法論」、「人間観と教育」、「出会いと教育」、「自己認識と教育」、「自然科学－科学技術－産業社会と教育」、「民主主義と政治教育」といった観点から、とくにその「弁証法」を中心にして考察してきた。
　その結果、本研究を通して、クラフキー、ラサーン、デルボラフによって指摘されたリット弁証法の特徴も確認できたと考える。
　クラフキーによって示された、リット弁証法の特徴の一つは、彼にあっては、弁証法という方法が哲学的に基礎付けられて、それが哲学的な問題や教育学的な問題に使われたのではなく、むしろ教育学的な問題の研究から弁証法が導かれ、それが哲学的に基礎付けられて、そして新たな教育学的な研究によってさらなる展開を見せたということであった。この特徴は、とくに第Ⅱ章「教育学の方法論」で確認された。そこでは、教育学の方法論の前提である、教育学の学問的な本質の考察がまずあって、その後でそれにふさわしい方法として、「現象学から弁証法へと至る方法」が導かれ、そして哲学的に基礎付けられた。決して逆ではなかった。
　その特徴のもう一つは、リット弁証法の構造が決してつねに「二極的」ではなく、むしろ多くは「多項的」、ないし「多層的」であるということであった。この特徴は、各章を通して確認されたと思うが、とくに第Ⅲ章「人間観と教育　(1)」、第Ⅳ章「人間観と教育　(2)」、第Ⅴ章「出会いと教育」、第Ⅵ章「自己認識と教育」の「自己生成」、「人間形成」の過程の構造に見られた。
　そして、クラフキーによって「教育学的な問題次元」におけるリット弁証法の特徴として指摘された、七つの特徴に関しては、以下の通りである。
　第一は、理論と実践の弁証法的な関係である。これは、とりわけ、第

II章「教育学の方法論」における，方法の前提としての教育学の学問的本質との関係で展開されていた。

　第二は，人間の形成過程の構造に見られる，「三項的」，ないし「三者の間での」弁証法的関係である。これは，とくに第V章「出会いと教育」や第VI章「自己認識と教育」の被教育者と教育者（教育的な個人）と「自然的な，あるいは歴史的－文化的な現実」の間の関係に見られた。そこでは，被教育者は，教育者を媒介として，「自然的な，あるいは歴史的－文化的な現実」の習得，あるいはその現実との対決の過程を通して，自己生成する，ということであった。また，その際，現実も，その媒介過程を通して，継続的に形成されたり，あるいは変更されたりする，ということであった。

　第三は，「意識の，ないし反省の弁証法的に自己を段々高めること」である。このことは，ラサーンもデルボラフもリット弁証法の特徴として認めていた。これは，とくに第IV章「人間観と教育　(2)」や第VI章「自己認識と教育」における，自己の限界を，その「反省」によって越える自己生成過程に見られた。また，第VII章「自然科学－科学技術－産業社会と教育」では，「二律背反」の「反省」が人間の自己疎外の克服として捉えられていた。その際，この「反省」が，リットの意味での弁証法的な「止揚」であった。

　第四は，思惟的な「止揚」が具体的で実践的な解決を要求するという特徴である。このことに関しては，ラサーンもリット弁証法の特徴として指摘していた。これは，とくに第II章「教育学の方法論」の「指導か放任か」の例に見られた。だが，リットにあっては，教育学的な研究はもちろん，哲学的な研究においても，その帰結はつねに具体的で実践的な教育的な解決にあった。それゆえ，この特徴は，各章でその結論として確認されたと思う。

第五は，いかに弁証法的に高められた状態においても，たとえばペスタロッチの弁証法の意味で自然的な状態や社会的な状態を止揚して倫理的な状態に高まったとしても，人間存在の「両義性」や「二面性」は決して消えないということである。このことに関しても，ラサーンは，リット弁証法の特徴として同様に捉えていた。これは，第Ⅲ章，第Ⅳ章，第Ⅴ章，第Ⅵ章の哲学的な人間学で確認されたが，とくに第Ⅷ章「民主主義と政治教育」における，民主主義思想の根底にあるプロテスタント的な人間学に見られた。

　第六は，リットの弁証法が一般的な意味での弁証法，つまりマルクスをはじめとする史的唯物論に見られる弁証法ではないということである。これは，とくに第Ⅶ章「自然科学－科学技術－産業社会と教育」における，人間の自己疎外の克服の仕方に関する，マルクスとリットの違いに見られた。

　最後は，弁証法的な論証過程が単純な命題によってではなく，「対向の部分－言表（「契機」）の交差」によって定義されるということである。これも，各章で展開された弁証法で確認できたと思う。

　以上がクラフキーの理解を中心に，さらにラサーンとデルボラフの理解に依拠したリット弁証法の特徴の確認であるが，本研究でとくに闡明したかったことは，以下のことであった。すなわち，リットの弁証法が，人間の有限な立場に留まるがゆえに，高処に立って「対立」を「止揚する」ことはできず，有限な自己の立場からその「対立」を鮮明にする「対立の弁証法」であるということ，そしてこの弁証法が，その「対立」ゆえに，対立者との「対話」の可能性と，この「対話」を契機とした「自己生成」の可能性を開く「対話的な弁証法」であるということであった。これらのことも各章で確認できたと思うが，とくに第Ⅱ章「教育学の方法論」の最後で指摘した，リット弁証法が教育学の学理論に与

IX 結論

えた影響に見られた。また，「対話的な弁証法」の特徴は，とくに第Ⅲ章「人間観と教育 (1)」の心身の，そして自他の関係に見ることができた。さらに，「対立の弁証法」ということで言えば，とくに第Ⅷ章「民主主義と政治教育」の政治教育における「対立」や「闘争」の意味付けとその教育に見ることができた。ちなみに，「対立の弁証法」は，第二次世界大戦後の民主主義の積極的な政治教育における「対立」や「闘争」にほどではないが，クラフキーによって「形式主義的」であると性格付けられた，初期の頃の「国民教育」や「公民教育」における国家や権力からの「相対的な自律」の立場にもすでに見ることができる。

そして，全体を通して，ヘーゲル弁証法のリット弁証法への影響と，それらの相違も確認されたと思う。そのヘーゲル弁証法の影響は，とくに自己が他者を媒介にして歴史的に自己生成するという弁証法と，反省によって自己自身を段々高めるという弁証法に見ることができた。

また，それらの相違は，次のことに見ることができた。すなわち，リット弁証法における対立は，ヘーゲル弁証法の対立とは異なって，止揚されない。しかし，リット弁証法の止揚されない対立（二律背反）の認識は，その都度具体的で実践的な解決を要求する。そして，リット弁証法の担い手は，ヘーゲル弁証法の世界精神や絶対精神といった超個人的な存在ではなく，あくまで具体的で特殊な個人であった。そして，この人間の有限性に立脚するリットの弁証法が普遍と特殊の弁証法においてきわめて厳密な普遍の形式で特殊の権利を保障しようとするものであったということに関しても，各章を通して確認できたと思う。さらにこのことに関して方法という点で言えば，第Ⅱ章と第Ⅲ章の現象学的な方法に，そして第Ⅳ章，第Ⅴ章，第Ⅵ章の，「個人」や「自己」の（明記はされていないが，明らかに「現象学的な」）構造分析に見ることができた。

しかも，このことは，リット自身の思索の過程にもあてはまっていた。すなわち，彼は，つねにその時代の特殊な問題に触発され，その特殊な問題のうちに普遍的な問題を見出し，特殊であると同時に普遍的である問題のうちに，特殊性と普遍性の弁証法的な知を得ようとした。そして，この知が最終的に教育によって時代の特殊性と結び付き，その問題を解決する，あるいは解決への示唆を与えてくれる，ということであった。

　そして，最後に今一度強調したいことは，リットの理論と実践の弁証法が，彼自身の学問と人生の関係において体現されていた，ということである。

　以上が本論文の結論であるが，最後に日本における先行研究との関連における本研究の独自性と，本研究の課題について言及しておきたいと思う。

　日本におけるリットの教育哲学研究は，1920年代半ばから見られる（参考文献参照）が，リットが亡くなったのが，1962年であり，しかもその死の直前まで研究，著作活動が続いていたということから考えて，リットの教育哲学思想の全体を捉えた研究ということになると，当然年代的な制約を考慮しなければならない。また，本研究との関連で，リットの方法論ということに限っても，同様のことが言える。たしかに，リットの方法論は，1920年代に展開され，その結果「現象学から弁証法へと至る方法」が示された。そしてその後，その方法論は，弁証法に重きが置かれることになった，1948年の『人間と世界』や『思惟と存在』以降，とくに問題とされることがなくなった。しかし，リットの方法，とくに弁証法は，思想対象や思想内容と切り離しがたく結び付いているがゆえに，方法論に関しても，リットの思想全体に渡って問題とされなければならないと言える。

IX 結論

　しかし，そのような制約を受けているとはいえ，見落とすことのできない研究者として，とくに長田新を挙げることができる。彼の著作には，リットの教育哲学研究のみを扱ったものはないが，彼のリット教育哲学研究，とくに方法論に関する研究を挙げると，『教育学』（岩波書店，1933年）（「第1章　教育学の方法」）や『最近の教育哲学』（岩波書店，1938年）（「第二章　弁証法的教育学」，「第三章　現象学的教育学」）がある。

　そして，日本においてもっとも有名なリット教育学の研究者は，長田新の流れを汲む，杉谷雅文であると言える。リット教育学研究に関する単著は，1920年代のものを除けば，彼の『リット』（牧書店，1956年）のみである。〔前田幹にも教育学博士の学位論文「テオドール・リットの人間学と教育学」（授与大学は東北大学，1974年）があるが，これは出版されてはいない。〕だが，杉谷雅文によるリット教育学の方法論に関する研究ということで言えば，『リット』よりも，それに先立って出版された『現代哲学と教育学』（柳原書店，1954年）（「第二章　リット教育学の方法論」）を挙げることができる。

　また，これもリットの教育哲学のみを扱った単著ではないが，稲富栄次郎の『現代の教育哲学』（福村書店，1959年）（「第四章　弁証法・生哲学および現象学と教育学」の「一　弁証的教育学」，「二　生命哲学」，「三　現象学的教育学」）がある。

　以上の研究はすべて，リット存命中のものである。したがって，どれもすぐれた研究ではあるが，リットの晩年の教育哲学における方法論に関しては，やはり年代的な制約を受けていると言える。

　また，リットの没後の研究に関しては，杉谷雅文編著『現代のドイツ教育哲学』（玉川大学出版部，1973年）に収められた，杉谷雅文による「一章　精神科学的教育学」の「四　リット」をはじめ，多くのすぐれ

た研究（参考文献参照）がある。

　しかし，前田幹の前掲論文においては，『個人と社会』を中心として方法論が扱われているし，また，他の研究も，方法は扱っているが，内容に即して，しかもリットの教育哲学思想の全体に渡っては問題にしていないか，個々の問題に関してのみ，その方法に言及しているかである。

　それに対して，本研究はリットの教育哲学を，「教育学の方法論」，「人間観と教育」，「出会いと教育」，「自己認識と教育」，「自然科学－科学技術－産業社会と教育」，「民主主義と政治教育」といった，彼の教育哲学思想の全体に渡る主要な諸問題に即して，方法，とくに弁証法を中心として考察した。しかも，とくに方法論としては問題にされることの少なかった，「自然科学－科学技術－産業社会と教育」や「民主主義と政治教育」といった彼の晩年の問題に関しても方法論的に考察し，そこで展開されている弁証法を明らかにした。ここに，本研究の独自性があると考える。

　だが，そうはいっても，本研究には多くの課題も残っている。たしかに，リットの教育哲学における主要な問題は取り上げてきたが，しかし，取り残した問題も多々ある。また，取り上げた問題に関しても，より詳細な研究が必要であると考える。これらは今後の課題としたいと思う。

あとがき

　本書は，「東北大学審査学位論文（博士）」〔2000年3月1日，博士（教育学）の学位〕である「テオドール・リットの弁証法的教育哲学研究」に多少手を加え，改題したものである。基本的には，大きな変更はない。それにもかかわらず，刊行が遅れた理由は，リットの晩年の大著『ヘーゲル』に依拠した，リットによる，ヘーゲル弁証法の批判的受容に関する研究を，博士論文に加えた形での出版を模索していたからである。だが，この研究は結局，ここには収まりきれないと判断し，独立した論文としてまとめることにした。こうして時間を要してしまったが，今回「平成18年度　石巻専修大学図書刊行助成」を受けて出版することになった。

　ところで，どちらかというと理科系タイプであった私が，どうして教育哲学を専攻し，そしてリットを研究することになったのかということを搔い摘んで話せば，以下の通りである。高校2年生のとき，勉強と部活（バレーボール部）の両立に失敗し，留年，退学，再編入学と，3年間を要してしまった。その間，自分を立て直さなければとの思いで読み始めたのが，それまで手に取ったこともなかった，小説や詩，短歌，そして心理学の入門書であった。宮城県仙台第二高等学校を2年遅れで卒業することになり，大学受験を考えたとき，挫折の経験と教育への関心，そして2年生のとき間接的にお世話になった先生が東北大学教育学部教育心理学科に所属していたことから，東北大学教育学部を受験することにし，1年間の浪人生活の後，入学した。大学では，1年次終了時に決定してから3年次までは，教育心理学科心身欠陥学を専攻してい

た。だが，教養部2年の時にとった，千葉泰爾先生の哲学講読で生じた，教育哲学への思いが強くなり，転学科を申し出た。3年生をもう1年するという条件で，教育学科教育哲学教育史専攻へ移った。そして，4年次卒業論文の指導を荒井武先生にお願いした際，最初シュタイナーを勧められたが，お断りし，次に紹介されたのが，リットであった。

　それから，28年が過ぎた。語学の苦手な私が，教育哲学を，そしてリットを研究するということは，無謀なことであったかもしれない。だが，とにかくここまで続けてくることができ，そして6年前には「博士論文」としてまとめることができた。もちろん出版にはためらいもあるが，それよりもとにかく残る形にしておきたいという気持ちが勝った。

　これまで多くの先生方や先輩，後輩にお世話になった。この場を借りて，厚く御礼を申し上げたい。とくに荒井武先生には感謝の気持ちでいっぱいである。また，博士論文の審査をして頂いた，沼田裕之先生，増渕幸男先生，加藤守通先生に感謝の気持ちを申し上げたい。さらに，専門分野の違いを越えて，学生のころから励ましの言葉をかけてくださった塚本哲人先生，石巻専修大学でお世話になった，堀江忠児先生，武山斌郎先生に感謝の気持ちを表わしたい。

　そして最後に，この出版を支えてくださった，高橋泰男さんをはじめ，専修大学出版局の皆様に心より御礼を申し上げたい。

　　　2006年5月20日

　　　　　　　　　　　　　　　　　　　　　　　　　西　方　守

参考文献

1，テオドール・リットの著作と論文

Geschichtsunterricht und Sprachunterricht, 1916.

Von der Erziehung zum historisch begründeten Verständnis der Gegenwart, 1917.

Der Kampf wider den Intellektualisumus der höheren Schule, 1917.

Geschichte und Leben, Leipzig und Berlin 1918.

Individuum und Gemeinschaft, 1919. 3. Aufl., Leipzig und Berlin 1926.

Berufsstudium und Allgemeinbildung auf der Universität, Leipzig 1920.

Nationale Erziehung und Internationalisums, Berlin 1920.

Pädagogik. in: *Die Kultur der Gegenwart*, hrsg. von P. Hinneberg. 3. Aufl., Leipzig und Berlin 1921.

Die Methodik des pädagogischen Denkens, 1921.

Das Wesen des pädagogischen Denkens, 1921. in: *Führen oder Wachsenlassen*, Leipzig und Berlin 1927. 13. Aufl., Stuttgart 1967.

Erkenntnis und Leben, Leipzig und Berlin 1923.

Die Philosophie der Gegenwart und ihr Einflußauf das Bildungsideal, 1925. 2. verb. Aufl., Leipzig und Berlin 1927.

Ethik der Neuzeit, München und Berlin 1926.

Möglichkeiten und Grenzen der Pädagogik, Leipzig und Berlin 1926.

Die gegenwärtige Lage der Pädagogik und ihr Forderungen. in: *Möglichkeiten und Grenzen der Pädagogik*, Leipzig und Berlin 1926.

Führen oder Wachsenlassen, Leipzig und Berlin 1927. 13. Aufl., Stuttgart 1967.

Pestalozzi, der Mensch und die Idee, 1927. in: *Der lebendige Pestalozzi*, Heidelberg 1952.

Wissenschaft, Bildung, Weltanschauung, Leipzig und Berlin 1928.

Kant und Herder als Deuter der geistigen Welt, Leipzig 1930.

Idee und Wirklichkeit des Staates in der staatsbürgerlichen Erziehung,

Leipzig 1931.

Hochschule und Politik. 1931.

Einleitung in die Philosophie, Leipzig und Berlin 1933.

Die Stellung der Geisteswissenschaften im nationalsozialistischen Staate, Leipzig 1934.

Philosophie und Zeitgeist, Leipzig 1935.

Die Selbsterkenntnis des Menschen, Leipzig 1938. 2. verb. Aufl., Hamburg 1948.

Der deutsche Geist und das Christentum, Leipzig 1938.

Die gedanklichen Grundlagen der rassentheoretischen Geschichtsauffassung, Leipzig 1938.

Protestantisches Geschichtsbewußtsein, 1939. in: *Der lebendige Pestalozzi*, Heidelberg 1952.

Das Allgemeine im Aufbau der geisteswissenschaftlichen Erkenntnis, Leipzig 1941. in: Philologisch-historischen Akademie, 93, Hamburg 1980.

Die Sonderstellung des Menschen im Reiche des Lebendigen, Leipzig 1942.

Pestalozzi. Zum 200jährigen Geburtstag, Berlin, Leipzig 1946. in: *Der lebendige Pestalozzi*, Heidelberg 1952.

Die Bedeutung der pädagogischen Theorie für die Ausbildung des Lehrers, 1946. in: *Führen oder Wachsenlassen*, Leipzig und Berlin 1927. 13. Aufl., Stuttgart 1967.

Geschichte und Verantwortung, 1947.

Berufsbildung und Allgemeinbildung, Wiesbaden 1947.

Mensch und Welt, München 1948. 2. Aufl., Heidelberg 1961.

Denken und Sein, Stuttgart/Zürich 1948.

Wege und Irrwege geschichtlichen Denkens, München 1948.

Die Frage nach dem Sinn der Geschichte, München 1948. in: *Die Wiedererweckung des geschichtlichen Bewußtseins*, Heidelberg 1956.

Der Mensch vor der Geschichte, Bremen 1950.

Naturwissenschaft und Menschenbildung, Heidelberg 1952. 2. Aufl., 1954.

参考文献

Der lebendige Pestalozzi, Heidelberg 1952.
Hegel, Heidelberg 1953.
Die Freiheit des Menschen und der Staat, 1953. in: *Die politische Selbsterziehung des deutschen Volkes*, Berlin 1954.
Wesen und Aufgabe der politischen Erziehung, 1953. in: *Die politische Selbsterziehung des deutschen Volkes*, Berlin 1954.
Wissenschaft und moralische Verantwortung, 1953.
Die politische Selbsterziehung des deutschen Volkes, Berlin 1954. 3. erweiterte Aufl., 1957.
Das Bildungsideal der deutchen Klassik und die moderne Arbeitswelt, Bonn 1955. 6. Aufl., 1959, zitiert nach Kamps päd. Taschenbücher, Bd. 3, 2. Aufl..
Die Wiedererweckung des geschichtlichen Bewußtseins, Heidelberg 1956.
Technisches Denken und menschliche Bildung, Heidelberg 1957.
Atom und Ethik, Bonn 1957.
Berufsbildung, Fachbildung, Menschenbildung, Bonn 1958.
Wissenschaft und Menschenbildung im Lichte des West-Ost-Gegensatzes, Heidelberg 1958. 2. Aufl., 1959.
Die öffentliche Verantwortung der Wissenschaft, Heidelberg 1958.
Freiheit und Lebensordnung, Heidelberg 1962.
Pädagogik und Kultur. Kleine päd. Schriften 1918-1926. hrsg. v. Friedhelm Nicolin, 1965.

2，ドイツにおけるテオドール・リット研究書

Albert Reble, *Theodor Litt*, Stuttgart 1950.
Paul Vogel, *Thodor Litt*, Berlin 1955.
Hans-Otto Schlemper, *Reflexion und Gestaltungswill*, Ratingen 1964.
Rudolf Lassahn, *Das Selbstverständnis der Pädagogik Theodor Litts*, Düsseldorf 1968.
Ursula Bracht, *Zum Problem der Menschenbildung bei Theodor Litt*,

München 1973.

Wolfgang Klafki, *Die Pädagogik Theodor Litts*, Scriptor 1982.

3，テオドール・リット記念論文集

Geist und Erziehung. hrsg. v. Josef Derbolav und Friedhelm Nicolin, Bonn 1955.

Erkenntnis und Verantwortung. herg. v. Josef Derbolav und Friedhelm Nicolin, Düsseldorf 1960.

In memoriam Theodor Litt, Bonn 1963.

Sinn und Geschichtlichkeit, hers. v. Josef Derbolav, Clemens Menze, Friedhelm Nicolin, Stuttgart 1980.

Theodor Litt und die politische Bildung der Gegenwart, hrsg. v. Peter Gutjahr-Löser, Hans-Helmuth Knütter, Friedrich Wilhelm Rothenpieler, München 1981.

Theodor Litt. Pädagogische Analysen zu seinem Werk, hrsg. v. Friedhelm Nicolin und Gerhard Wehle, Bad Heilbrunn 1982.

Pädagogische Runschau, Jg. 36, H. 2, 1982. (テオドール・リット特集号)

Pädagogische Runschau, Jg. 45, H. 3, 1991. (テオドール・リット特集号)

4，上記論文集に含まれていない参考論文

Bruno Liebrucks, Zum Theorie des Weltgeistes in Theodor Litts Hegelbuch. in: Kant-Studien 46, 1954/55.

Albert Reble, Erziehungsprobleme der Gegenwart. Zum 75. Geburtstag Theodor Litts am 27. 12. 1955. in: Pädagogische Rundschau, Jg. 10, 1955/56.

Konard Gründer, Theodor Litts Verständnis der Phänomenologie. in: Pädagogische Rundschau, Jg. 20, 1966.

Rolf Bernhard Huschke-Rhein, Das Wissenschaftsverständnis Litts. in: *Das Wissenschaftsverständnis in der geisteswissenschaftlichen Pädagogik: Dilthey-Litt-Nohl-Spranger*, Stuttgart 1979.

5，上記以外の外国語参考文献

Otto Friedrich Bollnow, *Dilthey*, Stuttgart 1955.
　　Der Wissenschaftscharakter der Pädagogik. in: *Erziehung in anthropologischer Sicht*, Zürich 1969.
Martin Buber, *Die Schriften über das dialogische Prinzip*, Heidelberg 1954.
Jonas Cohn, *Theorie der Dialektik*, Leipzig 1923.
Wilhelm Dilthey, *Gesammelte Schriften*, Göttingen.
Wilhelm Flitner, *Allgemeine Pädagogik*, Stuttgart 1950.
Thomas Friederich, Theodor Litts Warnung vor »allzu direkten Methoden«. in: *Deutsche Philosophen 1933*, hrsg. v. Wolfgang Fritz Haug. Berlin/Hamburg 1989.
Arnold Gehlen, *Der Mensch*, Berlin 1940.
Nicolai Hartmann, *Das Problem des geistigen Seins*, 2. Aufl., Berlin 1949.
　　Grundzüge einer Metaphysik der Erkenntnis, 4. Aufl., Berlin 1949.
Martin Heidegger, *Sein und Zeit*, Tübingen 1927.
Edmund Husserl, Philosophie als strege Wissenschaft, in: Logos I, 1910.
　　Ideen zu einer reinen Phänomenologie und phänomenologischen Philosophie I, Halle 1913.
　　Logische Untersuchungen, 3. Aufl., Halle 1922.
Siegfried Marck, *Die Dialektik im der Philosophie der Gegenwart*. 2. Halbbd., Tübingen 1931.
Wolfgang Klafki, *Aspekte kritisch-konstruktiver Erziehungswissenschaft*, Weinheim 1976.
Karl Löwith, *Das Individuum in der Rolle des Mitmenschen*, München 1928.

6，テオドール・リットの翻訳文献

石原鉄雄訳「科学と教養」(「和歌山大学学芸学部紀要教育科学」第1号，1951年)
石原鉄雄訳『科学・教養・世界観』(関書院，1954年)
関雅美訳『近世倫理学史』(未来社，1956年)

柴谷久雄，杉谷雅文共訳『生けるペスタロッチー』（理想社，1960年）
田中元訳「歴史の意味の自己特殊化」（『歴史とは何か』）（理想社，1967年）
石原鉄雄訳『教育の根本問題』（明治図書，1971年）
荒井武，前田幹共訳『現代社会と教育の理念』（福村出版，1988年）
小笠原道雄訳『技術的思考と人間陶冶』（玉川大学出版部，1996年）

7，日本におけるテオドール・リット研究書と関連図書

入沢宗寿『ディルタイ派の文化教育学説』（広文堂，1926年）
海後宗臣『ディルタイの哲学と文化教育学』（目黒書店，1926年）
渡部政盛『ディルタイ派の哲学とその教育学説』（啓文社書店，1926年）
村上俊亮，海後宗臣『リットの文化哲学と教育学』（目黒書店，1928年）
篠原助市『教育の本質と教育学』（教育研究会，1930年）
長田新『教育学』（岩波書店，1933年）
長田新『最近の教育哲学』（岩波書店，1938年）
篠原助市『独逸教育思想史』下巻（創元社，1947年）
篠原助市『欧州教育思想史』下巻（創元社，1950年）
杉谷雅文『現代哲学と教育学』（柳原書店，1954年）
長田新『教育哲学の課題』（東洋書館，1954年）
杉谷雅文『リット』（牧書店，1956年）
長田新『教育哲学』（岩波書店，1959年）
稲富栄次郎『現代の教育哲学』（福村書店，1959年）
杉谷雅文編著『現代教育学の動向と課題』（福村出版，1966年）
前田博『教育基礎論』（明治図書，1970年）
杉谷雅文編著『現代のドイツ教育哲学』（玉川大学出版部，1973年）
長井和雄『シュプランガー研究』（以文社，1973年）
小笠原道雄『現代ドイツ教育学説史研究序説』（福村出版，1974年）
西村皓『生の教育学研究』（世界書院，1981年）
天野正治編著『現代に生きる教育思想 5 ドイツ（Ⅱ）』（ぎょうせい，1982年）
村田昇編著『教育哲学』（有信堂，1983年）
小笠原道雄編著『ドイツにおける教育学の発展』（学文社，1984年）

参考文献

小笠原道雄編著『教育学における理論＝実践問題』（学文社，1985年）
荒井武編著『教育史』（福村出版，1985年）
田代尚弘『シュプランガー教育思想の研究』（風間書房，1995年）

8，日本におけるテオドール・リット研究論文と関連文献

入沢宗寿「リット；ペスタロッチ，人及び理念」（「教育思潮研究」第1巻第1輯，1927年），「リット，中等学校における禀賦の差異と分化」（「教育思潮研究」第5巻第1・2輯，1931年），「リット「国民社会主義国家における精神科学の地位」」（「教育思潮研究」第8巻第3輯，1934年）

村上俊亮「リットの哲学と文化教育学」（「教育思潮研究」第1巻第1輯，1927年）

竹井弥七郎「テオドール・リットの教育学と文化教育学」（「教育思潮研究」第1巻第1輯，1927年）

吉田熊次「陶冶の概念を論ず」（「哲学雑誌」第43巻，1928年），「哲学と教育学」（「哲学雑誌」第48巻，1933年）

伊藤猷典「哲学的教育学と経験的教育学との止揚点について」（「哲学研究」第16巻，1931年）

宗像誠也「リット，「公民教育における国家の理念と現実」」（「教育思潮研究」第6巻第1輯，1932年）

小松堅太郎「知識社会学批判」（「理想」第6年第2冊，1932年）

長田新「ヘーゲルの哲学と現代の教育学」（「理想」第6年第2冊，1932年），「全体観の教育学」（「理想」第7年第6冊，1933年），「教育哲学の根本問題」（「理想」第11年第3冊，1937年）

重松俊明「我，我－汝，社会－テオドール・リットを中心にして－」（「哲学研究」第17巻，1932年，第18巻，1933年）

加藤三郎「テオドール・リットの全体観について－主として「指導か放任か」を中心として－」（「教育思潮研究」第7巻第3輯，1933年）

佐藤熊次郎「テオドール・リットの教育学説」（「精神科学」第4巻，1933年）

前田博「陶冶の自発性」（「哲学研究」第19巻，1934年），「教育の主体」（「哲学研究」第25巻，1940年）

田中吟竜「リット教育学の基礎的考察」(「哲学」第12輯，1934年)
蔵内数太「個人と社会－G. ジンメルより Th. リットへ－」(「社会学研究」第1巻，1935年)
石山脩平「教育と哲学」(「理想」第9年第6冊，1935年)
和辻哲郎「人間存在考察の出発点について」(「思想」No.165，1936年)，「人間共同態の諸構造（二）」(「思想」No.212，1940年)
安藤尭雄「リットにおける宗教と文化の関係」(「哲学論叢」第3・4輯，1937年)
福武直「社会学と社会的現実」(「哲学雑誌」第641号，1940年)
内田文雄「現象学に於ける社会の把握」(「哲学研究」第26巻，1941年)
上田一雄「社会本質論えの二つの試論－テオドール・リットとマックス・シェーラー－」(「哲学年報」第6・7輯，1948年)
砂崎宏「人間存在に関する一考察（リットを中心として）」(「大分師範研究報告」，1949年)，「教育の基礎としての生活」(「滋賀大学学芸学部紀要」第4号，1955年)
石原鉄雄「歴史と教育のあいだ－テオドール・リットの教育説の一素描－」(「和歌山大学学芸学部紀要教育科学」第3号，1954年)，「日本におけるテーオドル・リット文献目録」(「和歌山大学教育学部紀要教育科学」第7号，1958年)
杉谷雅文「リットの現代教育学に対する貢献」(「教育哲学研究」第8号，1963年)(「故テオドール・リット博士追悼」号)
稲富栄次郎「リット教授の思い出」(「教育哲学研究」第8号，1963年)(「故テオドール・リット博士追悼」号)
鈴木謙三「リットの経歴・著作目録」(「教育哲学研究」第8号，1963年)(「故テオドール・リット博士追悼」号)
前田幹「文化教育学基礎論－T. Litt を中心として－」(「東北大学教育学部研究年報」第14号，1966年)，「教育学の学的性格－T. Litt の場合－」(「東北大学教育学部研究年報」第15号，1967年)，「リットによる技術時代における教育の課題」(「新潟大学教育学部高田分校研究紀要」第12号，1967年)，「Th. Litt における政治教育思想」(「新潟大学教育学部高田分

校研究紀要」第13号，1968年），「リットによる陶冶理想の時間的考察－『指導か放任か』を中心に－」（「新潟大学教育学部高田分校研究紀要」第15号，1970年），「リットの方法論と問題領域（Ⅰ）－『個人と社会』を中心に－」（「新潟大学教育学部紀要」第13巻，1971年），「リットの方法論と問題領域　Ⅱ－『個人と社会』を中心に－」（「新潟大学教育学部高田分校研究紀要」第16号，1971年），「リットの方法論と問題領域（Ⅲ）－『個人と社会』を中心に－」（「新潟大学教育学部紀要」第14巻，1972年），「リットの方法論と問題領域　Ⅳ－『個人と社会』を中心に－」（「新潟大学教育学部高田分校研究紀要」第17号，1972年），「テオドール・リットにおける「哲学」と「教育学」」（「新潟教育学会研究年報」第2号，1972年），「リットの方法論と問題領域（Ⅴ）－『個人と社会』を中心に－」（「新潟大学教育学部紀要」第15巻，1973年），「文化教育学における「客観性」の問題－特にシュプランガー，リットを中心に－」（「新潟大学教育学部紀要」第18巻，1976年），「リット『精神科学的認識の構成における普遍者』の一分析」（「新潟大学教育学部高田分校研究紀要」第22号，1977年）

小笠原道雄「解釈学的＝実践的教育学の問題点」（「教育哲学研究」第15号，1967年），「1920年代ドイツにおける科学的教育学の研究－『Die Erziehung』を中心にして－」（「教育学研究」第37巻第1号，1970年）

岡本英明「現代ドイツ教育学の方法論の問題」（「四天王寺女子大学紀要」第5号，1972年），「解釈学＝現象学的立場からの考察」（「教育哲学研究」第27号，1973年），「教授学における Seiffert-Klafki 論争とその批判」（「四天王寺女子大学紀要」第6号，1973年），「教育学研究方法論における解釈学と科学理論の統合の試みとその批判」（「四天王寺女子大学紀要」第7号，1974年），「史的＝体系的教育学方法論とその問題点」（「長崎大学教育学部教育科学研究報告」第24号，1977年），「教育学の科学性を問う」（「長崎大学教育学部教育科学研究報告」第26号，1979年），「精神科学的教育学の「終焉」？」（「長崎大学教育学部教育科学研究報告」第28号，1981年），「ディルタイと教育学の問題」（「九州大学教育学部紀要」第33集，1987年）

西勇「リットにおけるパースペクティヴィズム（Perspektivismus）の成立－ライプニッツとの関連をめぐって－」（「教育哲学研究」第25号，1972年）

平野正久「教育学における研究方法論の問題」（「教育哲学研究」第27号，1973年）

鈴木三平「リットの教育学－指導か放任か－」（「昭和学院短期大学紀要」第11号，1975年）

宮野安治「リットにおける自然と人間」（「教育哲学研究」第33号，1976年），「テーオドール・リットの哲学的人間学」（「京都大学教育学部紀要」第23号，1977年），「リットの科学論とその陶冶論的意義」（「大阪教育大学紀要」第31巻第2‐3号，1983年），「リットにおける自然科学とその陶冶価値の問題」（「大阪教育大学紀要」第35巻第2号，1986年），「リット後期教育思想における「二律背反」概念」（「大阪教育大学紀要」第37巻第2号，1988年），「リット人間陶冶論における「技術」の問題」（「大阪教育大学紀要」第39巻第2号，1991年），「リット教育学の成立について」（「大阪教育大学教育学教室教育学論集」第22号，1993年），「リット政治教育思想の研究（Ⅰ）－文化教育学における「ナショナリズム」問題－」（「大阪教育大学紀要」第42巻第2号，1994年），「リット政治教育思想の研究（Ⅱ）－ヴァイマル期の公民教育論－」（「大阪教育大学紀要」第45巻第1号，1996年）

実松宣夫「政治教育の本質と課題－T. リットの政治教育思想－」（「山口大学教育学部研究論叢」第27号第3部，1977年），「テオドール・リットの哲学的人間学－人間と世界－」（「山口大学教育学部研究論叢」第28号第1部，1978年），「T. リットの思考形式（Ⅰ）－「精神科学的認識形式における一般」について－」（「山口大学教育学部研究論叢」第30号第3部，1980年），「T. リットの思考形式（Ⅱ）－「人間の自己認識」について－」（「山口大学教育学部研究論叢」第32号第3部，1983年），「T. リットにおける「教育学的思考」の意義と反省」（「山口大学教育学部研究論叢」第37号第3部，1987年）

鈴木聡「教育における伝統と未来，拘束と自由をめぐる問題－G. ヴィネケンと Th. リットを中心に－」（「教育学研究」第52巻第2号，1985年）

参考文献

山下泰子「Th. リットの「良心」概念と陶冶カテゴリー」（中国四国教育学会編「教育学研究」第32号，1986年），「Th. リットのヘーゲル理解に基づく「良心」概念の探求」（「徳島大学総合科学部創立記念論文集」，1987年），「Th. リットの哲学的解明による「陶冶カテゴリー」概念の探求」（中国四国教育学会編「教育学研究」第33号，1987年），「リットとデルボラフの陶冶における「対立」の構造」（中国四国教育学会編「教育学研究」第34号，1988年），「生徒と科学の間を埋めるものーリットの「生活の事態」についてー」（中国四国教育学会編「教育学研究」第35号，1989年），「Th. リットの「熟慮」の教育学的意味」（中国四国教育学会編「教育学研究」第36号，1990年），「Th. リットの文化教育学の特質と問題点」（中国四国教育学会編「教育学研究」第37号，1991年），「Th. リットの教育学の精神科学的基礎づけ」（中国四国教育学会編「教育学研究」第38号，1993年），「Th. リットの人間学的熟慮と教育学」（中国四国教育学会編「教育学研究」第39号，1994年），「Th. リットの精神科学的教育学における「個性（化）」概念」（「徳島大学総合科学部人間科学研究」第4号，1996年）

藤野尭久，長島啓記「T. リットー人間の全体性を求めてー」（天野正治編著『現代に生きる教育思想5 ドイツ（II）』（ぎょうせい，1982年）

新井保幸「リットのナチズム批判」（「教育哲学研究」第46号，1982年）

氏家重信「産業化の時代における人間と教育ーTh. リットの人間学と教育学ー」（「東北学院大学論集人間・言語・情報」第103号，1993年）

平野智美「リット教育学から見た現代教育学の問題点」（「上智大学教育学論集」第29号，1994年）

小川哲哉「国家社会主義と精神科学ーT. リットの見解を中心にー」（「九州産業大学国際文化学部紀要」第1号，1994年）

9，翻訳参考文献

P. L. バーガー，B. バーガー，H. ケルナー（高山真知子，馬場伸也，馬場恭子共訳）『故郷喪失者たちー近代化と日常意識ー』（新曜社，1977年）

ボルノー（峰島旭雄訳）『実存哲学と教育学』（理想社，1966年）

O. F. ボルノー（西村皓訳）「教育学の科学的性格」（『教育学全集 2 教育の思想』）（小学館，1967年）
ボルノー（西村皓，鈴木謙三共訳）『危機と新しい始まり』（理想社，1968年）
ボルノー（浜田正秀訳）『人間学的に見た教育学』（玉川大学出版部，1969年）
O. F. ボルノー（浜田正秀訳）『哲学的教育学入門』（玉川大学出版部，1973年）
O. F. ボルノー（戸田春夫訳）『生の哲学』（玉川大学出版部，1975年）
ボルノー（西村皓，井上坦共訳）『認識の哲学』（理想社，1975年）
O. F. ボルノー（麻生建訳）『ディルタイ』（未来社，1977年）
O. F. ボルノー（小笠原道雄，田代尚弘共訳）『理解するということ』（以文社，1978年）
O. F. ボルノー（西村皓，森田孝共訳）『真理の二重の顔』（理想社，1978年）
O. F. ボルノー（髙橋義人訳）「ディルタイと現象学」（「思想」No.716，1984年）
O. F. ボルノー（髙橋義人訳・解説）『ディルタイとフッサール』（岩波書店，1986年）
ブーバー（野口啓祐訳）『孤独と愛－我と汝の問題－』（創文社，1958年）
マルティン・ブーバー（田口義弘訳）『対話的原理 I』（みすず書房，1967年）
マルティン・ブーバー（佐藤吉昭，佐藤令子共訳）『対話的原理 II』（みすず書房，1968年）
マルティン・ブーバー（植田重雄訳）『我と汝・対話』（岩波書店，1979年）
ヨーゼフ・デルボラフ（小笠原道雄監訳）『現代教育科学の論争点』（玉川大学出版部，1979年）
ヨーゼフ・デルボラフ（石原鉄雄，山田邦男共訳）『教育と政治』（広池出版，1980年）
J・デルボラフ（村井実監訳）『現代ドイツの教育学と教育政策』（広池出版，1984年）
ヨーゼフ・デルボラフ（小笠原道雄監訳）『教育学思考のパラダイム転換』（玉川大学出版部，1987年）

参考文献

ディルタイ（山本英一訳）『世界観の研究』（岩波書店，1935年）
ディルタイ（久野昭訳）『解釈学の成立』（以文社，1973年）
ディルタイ（久野昭，水野建雄共訳）『ヘーゲルの青年時代』（以文社，1976年）
ディルタイ（山本英一，上田武共訳）『精神科学序説』上巻（以文社，1979年）
ディルタイ（山本英一，上田武共訳）『精神科学序説』下巻（以文社，1981年）
ディルタイ（尾形良助訳）『精神科学における歴史的世界の構成』（以文社，1981年）
ヴィルヘルム・フリットナー（島田四郎，石川道夫共訳）『一般教育学』（玉川大学出版部，1988年）
エーリッヒ・フロム（日高六郎訳）『自由からの逃走』（東京創元社，1951年）
E. フロム（加藤正明，佐藤隆夫共訳）「20世紀社会と疎外」（竹内良知編『疎外される人間』）（平凡社，1967年）
フロム（懸田克躬訳）「正気の社会」（『世界の名著76　ユング／フロム』）（中央公論社，1979年）
H.-G. ガーダマー（安井邦夫訳）「ヘーゲル論理学の理念」（『弁証法の根本問題』）（晃洋書房，1978年）
H.-G. ガーダマー（中村志郎訳）『哲学修業時代』（未来社，1982年）
ハンス＝ゲオルグ・ガダマー（本間謙二，座小田豊共訳）『科学の時代における理性』（法政大学出版局，1988年）
アルノルト・ゲーレン（平野具男訳）『人間』（法政大学出版局，1985年）
J. ハーバーマス（長谷川宏訳）『イデオロギーとしての技術と科学』（紀伊國屋書店，1970年）
ローベルト・ハンス（加藤尚武訳）『弁証法の本質と諸形態』（未来社，1970年）
ヘーゲル（樫山欽四郎訳）『精神現象学』（河出書房新社，1973年）
マルティン・ハイデッガー（細谷貞雄，亀井裕，船橋弘共訳）『存在と時間』（上）（理想社，1963年）

マルティン・ハイデッガー（細谷貞雄，亀井裕，船橋弘共訳）『存在と時間』（下）（理想社，1964年）

エルマー・ホーレンシュタイン（高田珠樹訳）「「私」という語の特異な文法」（「思想」No.736，1985年）

エドムント・フッサール（立松弘孝訳）『現象学の理念』（みすず書房，1965年）

E. フッサール（佐竹哲雄訳）『厳密な学としての哲学』（岩波書店，1969年）

エトムント・フッサール（渡辺二郎訳）『イデーン Ⅰ－Ⅰ』（みすず書房，1979年）

エトムント・フッサール（渡辺二郎訳）『イデーン Ⅰ－Ⅱ』（みすず書房，1984年）

エドムント・フッサール（立松弘孝訳）『論理学研究 Ⅰ』（みすず書房，1968年）

エドムント・フッサール（立松弘孝，松井良和，赤松宏共訳）『論理学研究 2』（みすず書房，1970年）

エドムント・フッサール（立松弘孝，松井良和共訳）『論理学研究 3』（みすず書房，1974年）

エドムント・フッサール（立松弘孝訳）『論理学研究 4』（みすず書房，1976年）

ジャン・イッポリット（宇津木正，田口英治共訳）『マルクスとヘーゲル』（法政大学出版局，1970年）

イポリット（市倉宏祐訳）『ヘーゲル精神現象学の生成と構造』上巻（岩波書店，1972年）

イポリット（市倉宏祐訳）『ヘーゲル精神現象学の生成と構造』下巻（岩波書店，1973年）

カント（高峯一愚訳）『純粋理性批判』（河出書房新社，1974年）

W. クラフキー（小笠原道雄監訳）『批判的・構成的教育科学』（黎明書房，1984年）

W. クラフキ（小笠原道雄編訳）『教育・人間性・民主主義－W.クラフキ講演録』（玉川大学出版部，1992年）

参考文献

F. キュンメル（松田高志訳）『現代解釈学入門』（玉川大学出版部，1985年）
R. D. レイン（阪本健二，志貴春彦，笠原嘉共訳）『ひき裂かれた自己』（みすず書房，1971年）
R. D. レイン（志貴春彦，笠原嘉共訳）『自己と他者』（みすず書房，1975年）
ルドルフ・ラサーン（平野智美監訳，高祖敏明訳）「ドイツにおける教育学の動向」（「教育哲学研究」第37号，1978年）
レーヴィット（佐々木一義訳）『人間存在の倫理』（理想社，1967年）
G. ルカーチ（平井俊彦訳）『若きマルクス』（ミネルヴァ書房，1958年）
マルクーゼ（良知力，池田優三共訳）『初期マルクス研究』（未来社，1968年）
マルクス（城塚登，田中吉六共訳）『経済学・哲学草稿』（岩波書店，1964年）
E. W. オルト（千田義光訳）「精神諸科学の成立と今日性によせて」（「理想」No.647，1991年）
F. パッペンハイム（粟田賢三訳）『近代人の疎外』（岩波書店，1960年）
F. パッペンハイム（粟田賢三訳）『疎外と社会』（竹内良知編『疎外される人間』）（平凡社，1967年）
パスカル（前田陽一訳）『パンセ』（中央公論社「世界の名著29」，1978年）
オットー・ペゲラー（瀬島豊訳）「解釈学の歴史と現在」（O. ペゲラー編『解釈学の根本問題』）（晃洋書房，1980年）
オットー・ペッゲラー（高田珠樹訳）「解釈学的な哲学の将来」（「思想」No.785，1989年）
ポール・リクール（久米博，清水誠，久重忠夫編訳）『解釈の革新』（白水社，1978年）
フリトヨフ・ローディ（高田珠樹，丸山高司共訳）「ハイデガーとディルタイ」（「思想」No.749，1986年）
H. ロムバッハ（中岡成文訳）『存在論の根本問題－構造存在論－』（晃洋書房，1983年）
アダム・シェフ（花崎皋平訳）『社会現象としての疎外』（岩波書店，1984年）
エドアルト・シュプランガー（原田茂訳）『青年の心理』（協同出版，1955年）
シュプランガー（伊勢田耀子訳）『文化と性格の諸類型1』（明治図書，1967年）

239

シュプランガー（伊勢田耀子訳）『文化と性格の諸類型2』（明治図書，1970年）

シュプランガー（村井実，長井和雄共訳）『文化と教育』（玉川大学出版部，1983年）

M．トイニッセン（小牧治，村上隆夫共訳）『社会と歴史－批判理論の批判－』（未来社，1981年）

10，上記以外の参考文献

細谷恒夫『ディルタイ・ナートルプ』（岩波書店，1936年），『教育の哲学』（創文社，1962年）

矢島羊吉「カントにおける自由の概念」（「東北大学文学部研究年報」第11号，1960年），「カントにおける自由の概念（二）」（「東北大学文学部研究年報」第13号（上），1962年）

蔵内数太『社会学』（培風館，1966年）

廣松渉『マルクス主義の地平』（勁草書房，1969年），『青年マルクス論』（平凡社，1971年），『マルクス主義の理路』（勁草書房，1974年），『増補マルクス主義の成立過程』（至誠堂，1984年），『表情』（弘文堂，1989年）

樫山欽四郎『ヘーゲル論理学の研究』（創文社，1970年）

市川浩「精神としての身体と身体としての精神」（岩波講座『哲学3』，1970年），『精神としての身体』（勁草書房，1975年），「身体」（『講座・現象学2』）（弘文堂，1980年），『〈身〉の構造』（青土社，1984年）

宮本忠雄「身体性の現象学」（岩波講座『哲学3』，1970年）

坂本百大「新人間機械論」（岩波講座『哲学3』，1970年）

細谷貞雄『若きヘーゲルの研究』（未来社，1971年），『哲学の作文－現代ドイツ哲学研究－』（未来社，1975年）

大森荘蔵『物と心』（東京大学出版会，1976年），『新視覚新論』（東京大学出版会，1982年），「他我問題の落着」（「現代思想」vol.23-1，1995年）

坂部恵『仮面の解釈学』（東京大学出版会，1976年），『「ふれる」ことの哲学』（岩波書店，1983年）

高坂正顕『カント』（理想社，1977年）

参考文献

黒崎宏『科学と人間』（勁草書房，1977年）
滝浦静雄『言語と身体』（岩波書店，1978年），「「歴史的理性」の再検討」（「理想」No.612，1984年）
渡辺二郎『内面性の現象学』（勁草書房，1978年），「フッサールの現象学1－中期－」（『講座・現象学1』）（弘文堂，1980年）
金子武蔵編著『ヘーゲル』（以文社，1980年）
加藤尚武『ヘーゲル哲学の形成と原理』（未来社，1980年）
立松弘孝「フッサールの現象学1－前期－」（『講座・現象学1』）（弘文堂，1980年），「現象学の方法」（『講座・現象学2』）（弘文堂，1980年）
木田元「現象学とは何か」（『講座・現象学1』）（弘文堂，1980年），「世界と自然－現象学的世界概念の系譜－」（『講座・現象学2』）（弘文堂，1980年）
新田義弘，宇野昌人編著『他者の現象学』（北斗出版，1982年）
忽那敬三，熊野純彦「他我論の問題構制と〈象徴形式の哲学〉」（「思想」No.698，1982年）
丸山高司「解釈学と分析哲学」（「理想」No.612，1984年），『人間科学の方法論争』（勁草書房，1985年），「説明と理解」（新岩波講座『哲学11』，1986年）
塚本正明「解釈学的論理学の探究－ボルノウによるゲッチンゲン学派の再評価－」（「理想」No.612，1984年）
小林敏明「自己の解体と役割行為」（「思想」No.736，1985年）
熊野純彦「《共感》の現象学・序説」（「現代思想」vol.15-7，1987年），「言語と他者」（「現代思想」vol.17-3，1989年），「理性とその他者」（岩波講座『現代思想14』，1994年））
佐伯胖「からだとは何か」（岩波講座『教育の方法8』，1987年）
生田久美子，佐々木正人，林光「からだでわかる」（岩波講座『教育の方法8』，1987年）
木村敏『あいだ』（弘文堂，1988年）
小笠原由紀夫「生の無垢・生の力－ニーチェの歴史学批判を通して－」（「思想」No.763，1988年）

斎藤慶典「〈自己〉と〈自己ならざるもの〉」(「思想」No.763, 1988年)
中岡成文「意味と主体のポジシオン」(「理想」No.638, 1988年)
金森敦「クラーゲス表現学に見る他者」(「現代思想」vol.17-3, 1989年)
丸山圭三郎『欲動』(弘文堂, 1989年)

〈人名索引〉

[あ　行]

稲富栄次郎　　　　　　　　38,221
ヴェーニガー，エーリッヒ　8,12,42
小笠原道雄　　　　30,38,39,40,62
岡本英明　　　　　　　　　　　39
長田新　　　　　　　　　　38,221

[か　行]

ガーダマー　　　　　　　　　32,40
カント　　　25,30,42,92,164,177,186
クラフキー，ヴォルフガング　8,9,
　　10,11,12,13,17,18,19,21,23,24,
　　25,26,27,28,29,31,32,33,34,35,
　　37,38,39,40,43,61,62,64,94,160,
　　　　　　　186,213,216,218,219
ゲーレン，アーノルド　　　　94,95
コント　　　　　　　　　　　　42

[さ　行]

シュテッガー，ヴァルター　　22,30
シュプランガー　8,23,25,26,28,38,42
シュライエルマッハー　　　　　11
杉谷雅文　　　　　　　　　38,39,221
ソクラテス　　　　　　　　22,139

[た　行]

田代尚弘　　　　　　　　　　　38
ツダルツィル，ヘルベルト　93,110
ディルタイ　　　　　　10,23,42,50
デカルト　　　　　　　　　　　68
デルボラフ，ヨーゼフ　　8,9,17,18,
　　　　　　　33,36,39,62,216,217,218

[な　行]

ニコリン，フリードヘルム　　8,36
ノール，ヘルマン　8,12,23,26,29,
　　　　　　　　　　　　　37,42

[は　行]

ハイデガー　　　　　　　　　54,55
パスカル　　　　　　　　　110,120
ハルトマン　　　　　54,55,107,108
ヒトラー　　　　　　　　　31,138
ブーバー　　　　　　　23,64,65,186
フィッシャー　　　　　　　　　26
フォイエルバッハ　　　　　　　163
フォルケルト　　　　　　　　　53
フッサール　　　　　　　　42,53,61
フシュケーライン，ロルフ・ベルンハルト　　　　　　　　　　　　49
ブラウンベーレンス，ヘルマン・フォン　　　　　　　　　　　　　22
フリーデリッヒ，トーマス　　　22
フリッシュアイゼン-ケーラー，マックス　　　　　　　　　　　　　23
フリットナー，ヴィルヘルム　8,10,
　　　　　　　　　　　　12,26,39,42
フンボルト　　　　　　　　　　10
ヘーゲル　11,12,19,20,21,36,52,86,89,
　　　　106,110,159,163,164,185,219,223
ペスタロッチ　　　　10,15,16,18,20,38,
　　　　　　　　39,94,110,188,212,218
ヘルダー　　　　　　　　　10,30,92
ヘルバルト　　　　　　　　　　10
ボルノー　　　　　　　　　　43,61

243

[ま　行]

前田幹　　　　　　　　　39, 221, 222
マルクス　　　　42, 163, 164, 185, 218
マン，トーマス（トーマス・マン）
　　　　　　　　　　　　　　　190
ミッシュ，ゲオルゲ　　　　　　　29
メンツェ，クレメンス　　　　　　36
モンテーニュ　　　　　　　　　149

[や　行]

ユング　　　　　　　　　　　　152

[ら　行]

ラサーン，ルドルフ　　8, 17, 18, 22, 42,
　　　　　　　　　　54, 186, 216, 217, 218
リット，ヴェルター・ルードルフ（テオ
　　ドール・リットの長男）　　　30
レープレ，アルベルト　22, 26, 28, 32, 38
レヴィット，カール　　　　　　　65
ロック　　　　　　　　　　　　　42

〈用語索引〉

［あ　行］

アーリア人種至上主義　　115
悪への自由　　195
生ける－具体的な自我　　74
意識化　　152, 163, 183
意志決定能力　　201, 205, 210
一次的な意味　　103
一次的な知　　146, 147, 150, 158
一回性　　44, 171
一党独裁　　193
一般教育　　12, 25, 35, 39, 162, 163, 184, 185, 188, 205, 213
イデオロギー　　28, 29, 31, 94, 95, 114, 139, 178, 196
遺伝子　　117
意味の空洞化　　170
動かせない事実　　143
運命　　120, 124, 125, 126, 127, 131, 132, 133, 135, 138
越境　　177, 207
越権行為　　162
遠近法　　13, 72, 73, 74, 75, 76, 77, 80, 88
遠近法的な現示　　74
遠近法的な秩序　　72
遠近法的な分節　　72
負い目　　103
応答する他者　　97

［か　行］

外化　　21, 163, 164, 175, 179
懐疑的な人間学　　15
階級なき社会　　195
解釈学的実践的教育学　　42
外的な生存　　167, 190
外部世界　　67, 68, 120
顔　　118, 121, 132, 181
科学万能主義　　168, 207
拡張された身体　　80, 81
学理論　　11, 17, 19, 31, 36, 42, 43, 60, 107, 110, 139, 218
賭け　　129, 130
可塑的な素材　　196
価値基準　　58
価値規範　　58
価値判断　　58
価値評価　　58
学校教育　　140, 151, 155, 159, 185
活性化　　61, 146, 155
葛藤　　102, 183, 184, 208, 209, 211
可変性　　148, 149
神の意志　　194
感覚的－非感覚的な事象　　99
環境世界　　72
環境説　　115, 118
関係の二肢性　　108
管理された世界　　209
官僚社会　　206, 208
官僚主義的な服務規程　　208
議会制民主主義　　34, 189
技工　　173, 174, 180
擬似－空間　　68
技術学　　173
擬人化　　81, 82
帰納的な普遍化　　144
帰納法的な方法（帰納法）　　54, 56, 57,

245

	144, 146		118, 178
規範的教育学	42, 43, 56, 59	言語教育	24, 160
客観化する思惟	66, 73, 79, 82, 85	現象学	17, 42, 52, 53, 54, 55, 56, 57, 58, 61, 65, 66, 69, 71, 146, 163, 185, 216, 219, 220, 221
客観-身体	67, 68		
客観的事実	143, 156		
救済力	184	現象学から弁証法へと至る方法	54, 55, 58, 65, 66, 216, 220
救済論	121, 209		
教育学的思惟	10, 25, 35, 40, 43, 49, 60, 64, 212	現象学的な構造分析	146, 219
		現象学的な方法	52, 53, 54, 55, 57, 219
教育哲学	8, 10, 11, 38, 39, 42, 216, 220, 221, 222, 223, 224	権力の監視	193, 201
		権力の乱用	192
教育評価	156	権力分割	192
教育目的	47, 156, 158	交換可能な部品	208
境界の相対化	71	交差	16, 35, 53, 73, 75, 76, 78, 80, 152, 218
教科学習指導	159		
共産主義	32, 33, 34, 188, 189, 195, 196, 209, 211	構造理論	17, 50, 52
		工程の分割	207
共振	80	公民教育	26, 31, 34, 219
鏡像	76	合目的的な労働	208
共通精神	153, 155	合理主義	205, 206, 207, 208, 210, 211
共通の世界	86, 88	合理性	207, 209
共同存在者	121	合理的な硬化	209
共同体	14, 140, 141, 145, 146, 147, 153, 154, 159	合理-非合理	48
		越えて広がっている時間	73
共鳴	81	越えて広がる	13, 15, 35, 107, 109
曲線的な時間	73	互換的関係	84
キリスト教的な人間学	93, 195	国語教育	155, 156, 160, 185
空間境界	71	国際社会	204
空間世界	70, 71, 72, 80, 81, 82, 84, 85	国際主義	25
空間的存在者	70	国民教育	25, 219
空間的なまとまり	72	快くする没頭	130
空虚化	47, 172	個人の萎縮	208
形相的記述	53	国家教義	209
形成力	46, 140, 148	国家秩序	209
ゲシュタルト心理学	72	古典的経験論	42
結合分肢	72	個別化	99, 158, 159
ゲルマン民族	116	孤立化	99
原因-結果関係(因果関係)	56, 67,	根源-悪	199

〈用語索引〉

[さ　行]

再生産	153,159
三項的	14,160,217
三者の間で	14,160,217
自我－身体	69,70,71,72,73,80,85
時間的継起	78
自己外化	21
自己解釈	143,156,157
自己解明	104,105
自己欺瞞	129
自己顕示欲	192
自己充足	95,97
自己浄化能力	208
自己性	88,95,97,98,99,100,110,115,118,120,122,123,126,131,132,133
自己制御（自制）	191,192,212
自己省察	13,93,104,105,140,145,148,155,160,163,179,184,185
自己生成	19,95,97,98,99,100,109,115,117,118,120,124,130,132,140,142,143,145,148,150,151,152,153,154,155,156,158,159,216,217,218,219
自己疎外	162,175,176,177,179,184,217,218
自己退縮	128
自己探究	140,168,179
自己知	147,148,158
自己展開	21,163,183
自己同一性	142,149
自己認識	8,30,37,54,61,137,138,139,140,141,142,143,144,145,146,147,148,149,150,151,152,153,155,156,157,158,159,216,217,222
自己発展	129
自己反省（自省）	15,35
自己本質	147
自己理解	11,17,54,55,88,138,140,156,186
自己を精神化すること	97
自己を段々高めること	15,104,217
事実確認	46,47
事象化	97,169,175,176,177,178,180,181
事象化された自然	175
事象支配	13
事象従事者	178
事象に即した	185
事象の圧迫	182
事象の同一性	174
事象の独裁	180
事象の命令	166,175
事象の論理	163,168,174,177,180,181,182,183,184,185
事象への意志	176,177
事象への義務	166
自然科学－科学技術－産業社会	8,161,163,165,167,169,171,173,175,177,179,181,183,185,216,217,218,222
自然科学教育	151
自然科学的な方法	42,43,54,56
自然の被造物	100
持続	36,75,87,119,142,148,149,169
実証主義的教育学	42,43,56,59
実践学的な教育学	62
実践のための理論（実践の理論）	45,173,174
史的－弁証法的な唯物論（史的唯物論）	218
支配欲	192
資本主義	164,211
自明性	138
社会哲学	25,42,64
宗教的な自由	194
主観－客観－関係	66,67,81,82,83,85
主観－客観－同一性	144,147,150

主観－自我	66,67,68	政治的な自己教育	33,188,190
主観主義	130	政治的な自由（政治的自由）	194,199
手段化された自然	178	政治的な闘争（政治闘争）	198,204
象徴	72,85,86,192	政治的な独断	196
衝動	79,176	政治腐敗	191,192
衝迫	79,81	政治倫理	191,192,194
職業教育	12,25,35,162,163, 184,185,188,213	精神科学的教育学	8,10,11,25,26, 42,62,159,221
人格的な関係	169	精神科学的な認識	31,61,107,139
人格的な交わり	178,180,181,185	精神科学的な方法	43,54
人格の抑圧	181	精神的な脅威	189
新カント主義	42	精神的な受胎	122
人種理論（人種理論史観）	28,29,30, 94,114,115,139	精神的な防衛	211
心身統一体	89	精神の導出不可能性	110
心身二元論	68	生成の謎	53
深層心理学	140,151,152,208	成層理論	152
身体事象	69,78,79,83	制度化された理性	207,208,209
身体的－心的な全体性	171	生得説	115,117,118
身体的－心的な体験	78	生の哲学	42,224
死んだ事実	143,156	生物学的な人間学	93,94
心的実体	148	生物学的な理論	115,116
振動する曲線	73	世界開放の使命	107
進歩史観	134,209	世界との出会い	99
新マルクス主義	42	世界に開いていること	95,99,100
真理への意志	93	絶対精神	163,164,185,219
数学化	170,171,172	善意志	184
数学的－自然科学的な思惟	17	全体主義	32,193,196,197,200,211
数学的な自然科学	170	全体主義国家	193,196,200
数量化	170	全体直観	50
生曲線	144	選択的な決定	104
政権交代	193,197	善への自由	198
政治的－軍事的な防衛	189	専門教育	35,162,163,184,188
政治的な教育（政治教育）	8,12,17, 33,34,36,38,162,187,188,189,191, 193,195,196,197,199,201,202,203, 205,207,209,210,211,212,213,216, 218,219,222	相互依存性	66,74,75,76,77
		相互依存の関係	75
		相互監視	193
		相互牽制	192
		相互制御	193
		相対的な自律	32,47,190,191,219

〈用語索引〉

相貌的知覚　　　　　　　　　　121
疎遠化　　　　　　　　　　163,164
疎外　　　37,106,162,163,164,165,
　　　　166,168,175,176,177,178,179,
　　　　　　　　183,184,185,217,218
疎外論　　　　　　　　　37,163,164
組織的な大量殺人　　　　　　　199
素質　　　117,118,119,123,124,125
存在－当為　　　　　　　　　　 48
存在の自明性　　　　　　　　　138
存在把握　　　　　　　44,46,47,56
存在論　　　　　　　　　　　　 92

　　　　［た　行］

第一の自然　　　　　　　　　96,97
対極的な概念　　　　　　　　　133
対極的な構造　　　　　　　　70,71
体験時間　　　　　　　　　　　 73
体験する自我　　　　　65,70,74,75
体験内容曲線　　　　　　　　　 80
体験内容連合　　　　　　　　　 70
体験の全体性　　　　　　　　　 69
対象化　　　　　97,163,164,175,179
対象性　　　　　　　　　　　67,82
代替可能性　　　　　　　　　　176
第二の自然　　　　　　　　　　 97
対立の弁証法　　　　　　19,218,219
対話的関係　　　　　　81,83,85,122
対話的な弁証法　　　　　19,218,219
多遠近法的　　　　　　　　　　 13
多項的　　　　　　　　　　13,216
他者性　　　122,123,126,127,128,129,
　　　　　　　　130,132,133,135
他者制御　　　　　　　　　　　212
他者認識　54,139,140,141,142,143,144,
　　　　145,146,148,150,151,156,158,159
多数決　　　　　　　　　197,198,200
多層的　　　　　　　　　　　13,216

立場の交換不可能性　　　　　　 77
脱感覚化　　　　　　　　　170,171
脱個人化　　　　　　　　　172,175
脱自化　　　　　　　　　　178,181
脱質化　　　　　　　　　　170,171
脱人格化　　　　　　　　172,175,207
タブラ・ラサ　　　　　　　　　119
堕落の可能性　　　　　　　132,212
地上の楽園　　　　　　　　　　195
秩序理念の闘争　　　　　　　　200
注意深い監視　　　　　　　　　197
注意深さ　　　183,184,185,191,200,205
注意深さの教育　　　　　　　　200
中間存在者　　　　　　　　　　110
抽象化された自然　　　　　　　170
調教　　　　　　　　　　　　　196
超個人的な実体　　　　　　145,154
超時間的　　　　　　　　　　　 57
超人間的な審級　　　　　　　　 21
直線的な継起　　　　　　　　　 73
直線的な時間　　　　　　　　　 73
罪　　　　　　　　　　　　 93,194
出会われた自然　　　　　　　　180
哲学的人間学　　　17,30,35,92,136,
　　　　　　　　139,140,186,188
転移　　　　　　　　　　　　83,84
点的存在　　　　　　　　　　　150
当為規定　　　　　　　　　46,47,56
同格化　　　　　　　　　　　　 84
等級化　　　　　　　　　　126,131
闘争概念　　　　　　　　　　34,213
道徳的な義務　　　　　　　　　191
道徳的な責任　　　　　　　　　186
道徳的な良心　　　　　　　　　191
同調的な応答　　　　　　　　　122
同胞　　　　　　　　　　　　　121
陶冶理想　　　　　26,35,50,60,61,162
独我論　　　　　　　　　　　　130

249

奴隷化する運動	177

[な 行]

内的な共属性	144,147
内的な世界	87,167,208,209,211
内面性	67,68
ナチス（国家社会主義ドイツ労働者党）	22,28,29,31,32,138,199,200
ナチスドイツ	32,199,200
名もない人々	20,21
汝性	84,85
汝の現象	82,85
二極的	13,216
二次的な意味	103
二次的な知	146,147,150,151,158
二律背反	15,18,87,163,164,168,177,180,182,183,184,185,186,217,219
人間教育	163
人間形成	33,35,47,64,89,109,140,148,155,158,162,167,188,201,205,210,216
人間性	32,40,146,147,177,183,189,190
人間生成	115,116
人間存在	16,35,68,95,102,105,139,162,189,190,212,218
人間的な人間学	93,94
人間の論理	163,168,177,180,182,183,184,185,208
認識論	31,65,69,92,104,107,186
人相	119

[は 行]

胚	117,118
媒介	9,11,13,14,15,17,45,86,106,109,114,154,160,175,217,219
媒介運動	11,14,15
発達史観	134
判断の確かさ	200,201
反ユダヤ主義	115
範例	51,110
非遠近法	77
比較級の普遍性	146
彼岸性	88
非－自我	68,71
非－精神	68
一つにならせる	155
批判的社会科学的教育学	42,59
批判的社会哲学	42
ヒューマニズム	34,189
表出運動	66,78,80,81,82,83,84
表情	78,84,85,118,119,121,132,170
不確実性	103
不確かさ	103
不確かで－未決定のもの	104
不変化の持続体	148
不変の核	148
フランクフルト学派	42
武力による解決	203,204,205,211
プロテスタント的な人間学	94,188,212,218
文化教育学	159
文化哲学	25,64
分業	35,116,174,175
分節化された構造	50
分節化された体験内容	78
分節化した明白さ	143
分裂した統一	53
平和教育	202,203
弁証法的教育学	8,10,12,221
弁証法的な関係	15,22,35,38,72,73,95,100,107,139,216
弁証法的な結合	70,74
弁証法的な思惟	10,13,19,37,53,54
弁証法的な止揚	15,183,217
弁証法的な対立	59

〈用語索引〉

弁証法的方法	145
冒瀆的な反抗	194
本質形成	55,66,85,87,88, 120,123,127,133,135
本質構造（本質的な構造）	53,58, 61,69,70
本質－像	143
本質分析	53,55,69
本質理論	140
本能	97,102

　　　　［ま　行］

交わり	28,97,98,135,169, 172,173,178,180
まとまりをつくる時間	74
未決定の状態	103
自らを－概念的に理解すること	19
見渡す能力（見渡すということ）	149
民主主義	8,32,33,34,38,40,162, 187,188,189,191,192,193,194,195, 196,197,198,199,200,201,202,203, 205,206,207,208,209,210,211,212, 213,216,218,219,222
民主主義国家	192,193,197,200,201
無意識	151,152
無時間的	44,48,85
矛盾した統一	16
明晰な洞察力	201
盲目的な隷属	176
目的－手段関係	56
目的設定	46,47
目的論的な性格（目的論的性格）	47,57
モナド	88

　　　　［や　行］

役割分担	193,200

誘惑	102,122,178,192,193,194,195, 212,213
誘惑可能性	212,213
ユダヤ教	94
ユダヤ民族	93,116
予定調和	86
呼びかけ	18,98,102,122,126,152

　　　　［ら　行］

利益優先	208
理解的な共感（理解的共感）	81,82,84
理性的共和主義者	26
理性の信仰（信奉）	206
理性の力	205,206
理性の独裁	209
理念化的な抽象	53,54,61
良心の自由	194,195
類推	83,84
類的存在	140,164
歴史教育	24,160,188,203
歴史性	11,36,93,98
歴史的な意識	31,34,160,162,188
歴史的な生	104
歴史的な責任	20,21,34,160
歴史的な出会い	114,116
連帯の意識	182
ロマン主義	168

　　　　［わ　行］

我が物とすること	145,153
私と同じような者	121,132
我－汝－関係（我汝関係）	64,65,88

251

著者紹介

西方 守（にしかた まもる）

1952年宮城県生まれ。東北大学教育学部卒業，87年同大学大学院教育学研究科博士課程単位取得退学。東北大学教育学部助手，石巻専修大学理工学部助教授を経て，99年同教授（現在に至る）。学位は博士（教育学）（東北大学，2000年）。専門は教育哲学。共著に『開放講座　ものと心』（専修大学出版局，1997年）。

リットの教育哲学

2006年7月28日　第1版第1刷

著　者　　西方　守
発行者　　原田　敏行
発行所　　専修大学出版局
　　　　　〒101-0051　東京都千代田区神田神保町3-8-3
　　　　　　　　　　　㈱専大センチュリー内
　　　　　電話　03-3263-4230㈹

印　刷
製　本　　藤原印刷株式会社

Ⓒ Mamoru Nishikata　2006　Printed in Japan
ISBN 4-88125-179-1

◇専修大学出版局の本◇

J・S・ハクスリーの思想と実践
笹原英史著　　A5判　478頁　定価7140円

ユングの宗教論
―キリスト教神話の再生―
高橋原著　　　四六判　322頁　定価3045円

学校から職業への迷走
―若年者雇用保障と職業教育・訓練―
中野育男著　　A5判　272頁　定価2940円

首都圏人口の将来像
―都心と郊外の人口地理学―
江崎雄治著　　A5判　182頁　定価2940円

米国統治下沖縄の社会と法
中野育男著　　A5判　310頁　定価3360円

癒しを生きた人々
―近代知のオルタナティブ―
田邉信太郎・島薗進・弓山達也編　　四六判　320頁　定価2625円